Albrecht Dieterich

Mutter Erde
Geschichte und Theorie der Volksreligionen

Dieterich, Albrecht: Mutter Erde. Geschichte und Theorie der Volksreligionen
Hamburg, SEVERUS Verlag 2013
Nachdruck der Originalausgabe von 1913

ISBN: 978-3-86347-660-1
Druck: SEVERUS Verlag, Hamburg, 2013

Der SEVERUS Verlag ist ein Imprint der Diplomica Verlag GmbH.

Bibliografische Information der Deutschen Nationalbibliothek:
Die Deutsche Nationalbibliothek verzeichnet diese Publikation in der Deutschen Nationalbibliografie; detaillierte bibliografische Daten sind im Internet über http://dnb.d-nb.de abrufbar.

© **SEVERUS Verlag**
http://www.severus-verlag.de, Hamburg 2013
Printed in Germany
Alle Rechte vorbehalten.

Der SEVERUS Verlag übernimmt keine juristische Verantwortung oder irgendeine Haftung für evtl. fehlerhafte Angaben und deren Folgen.

MUTTER ERDE

VON

ALBRECHT DIETERICH

ZWEITE AUFLAGE

HERMANN USENER
ZUM 23. OKTOBER 1904

Es ist eine Mutter fein,
Sie nährt viel tausend Kinderlein,
Sie ist so reich,
Kein Mensch ihr gleich,
Sie nährt sie all mit ihrem Strahl,
Verzehrt sie wieder allzumal.
Hessischer Hausspruch.

Wer Volksreligion erforschen will, wird immer zuerst und vor allem den Volksbrauch zu befragen haben. Weder die mythische Erzählung, die vom Ritus mehr und mehr losgelöst ihre eigenen, immer freieren Entwicklungsformen ausgestaltet, noch die Deutungen, die das Volk selbst mit dem Wechsel religiöser Hauptanschauungen und mit dem Schwinden der Erinnerung an verlorenen und vertriebenen Glauben fortwährend verändert, können uns den Aufschluß über Grundformen religiösen Denkens geben, den die allezeit am zähesten festgehaltene „heilige Handlung", soweit sie durch scharfe Beobachtung und zuverlässigen Bericht jedem Zweifel und jedem Schwanken enthoben werden kann, allein noch zu bringen imstande ist. Wenn der Glaube, der ihn schuf, längst abgestorben ist, bleibt der Ritus Jahrhunderte lebendig in dem, was wir kurzerhand, ohne einstweilen Mißverständnis zu fürchten, „Volksbrauch" nennen. Ist doch auch bei der Untersuchung des religiösen Denkens der sog. „Naturvölker" der Tatbestand der Riten und Bräuche, die ohne Vorurteil beobachtet und einwandfrei beschrieben, ja neuerdings gar nicht selten bereits photographiert worden sind, die sicherste, oft die einzige zuverlässige Grundlage, auf der einstweilen gebaut werden kann, während Beobachtungen, die durch das Mittel sprachlicher Verständigung gingen, in der Regel den mannigfaltigsten Fehlschlüssen und Mißverständnissen ausgesetzt waren.

Der, welcher Grundformen religiösen Denkens erkennen will, muß mit der Untersuchung des Brauches des „Volkes" beginnen, d. h. um es so kurz als möglich zu bezeichnen, der

„Unterschicht" der Nationen, die nicht durch eine bestimmte Kultur geistig umgestaltet und bis zu einem stärkeren oder geringeren Grade religiös umgeformt und durch die Einwirkung bestimmter geschichtlicher Persönlichkeiten über alten Glauben hinausgeführt ist. Gewiß ist auch die unterste Schicht durch Personen in geschichtlicher Entwicklung gestaltet; für uns aber ist hier weder Geschichte noch Persönlichkeit erkennbar, für uns handelt es sich eben um den allgemein „ethnischen Untergrund", den ewigen und gegenwärtigen, aus dem alle historischen Religionen wachsen, aus dem sie immer wieder ursprüngliches Leben ziehen und in den sie zurücksinken, je nachdem ihr geschichtliches Leben sich auslebt. Der „alte" Glaube ist jedesmal für den, der über ihn hinaus ist oder zu sein meint, das, was bei uns im entsprechenden Falle Aberglaube genannt wird. Der abergläubische Brauch ist immer einmal Ritus des lebendigen Glaubens gewesen, mögen nun auch mit dem Bewußtsein seines ursprünglichen Sinnes seine früheren, häufig viel höheren und reicheren Ausführungsmittel verloren gegangen oder zu kläglicher Niedrigkeit herabgesunken sein; der niedere Volksbrauch war einmal hohe Kultzeremonie, vielleicht das Sakrament einer großen Gemeinde — wenn das auch nicht etwa so verstanden werden soll, als gäbe es keinerlei „Aberglaube", der nicht als Nebensproß auf den niederen Landflächen hätte erwachsen können, die nun schon mit den verfallenen Resten verwesender Religion gedüngt waren.

Im geschichtlichen Leben der Kulturnationen ist das Ältere in Glaube und Brauch in der Regel unten zu liegen gekommen, wo es sich mit unausrottbarer Zähigkeit, oft für uns nur noch an schwachen Lebenszeichen erkennbar, festgeklammert hat. Wer in der Untersuchung des Volksbrauches von den Überlieferungen der antiken Völker ausgeht, wie ich es tue, wird immer wieder mit der großen Schwierigkeit zu kämpfen haben, daß eben diese Überlieferungen von antikem Volksbrauch, durchsetzt von sicher falscher späterer Deutung, oft oder meist für uns schlechterdings unverständlich bleiben, solange wir nicht entsprechenden Brauch bei anderen Völkern heranziehen, wo er etwa in einer sozusagen noch verwandt gebliebenen Umgebung sicher verständlich ist. Aber diese Analogien dürfen zu nichts Weiterem führen, als daß wir mit ihnen ausgerüstet die Überlieferungen, die wir interpretieren wollen, besser und tiefer verstehen, ohne daß wir von den Überlieferungen der anderen Völker irgend etwas hinübersetzen in die tatsächlichen Lücken geschichtlicher Tradition, die wir nicht ausfüllen können. Die wesentlichsten Dienste der Analogie wird uns immer die Kenntnis des Brauches unseres eigenen Volkes leisten müssen, weil wir da in vielen Fällen der Gefahr des Mißverstehens am wenigsten ausgesetzt sind und weil wir ganz doch nur begreifen, was in unserem eigenen Leben irgendwie analog lebt, was Fleisch ist von unserem Fleische, Blut von unserem Blute.

Durch die Volksreligion zu der Erkenntnis von Grundformen religiösen Denkens vorzudringen, wird am ersten Aussicht haben, wer den Brauch und Ritus prüft, der um die Grunderlebnisse und Grundrätsel menschlichen Lebens festgeblieben ist. Man hat immer wieder beobachtet, daß um Geburt, Hochzeit und Tod bei weitem am ausgedehntesten und zähesten der Volksglaube bei den verschiedensten Völkern seine Bräuche gruppiert und festgehalten hat: da sind allezeit für die Völker Zentralpunkte religiösen Denkens gewesen. Das Nacheinander freilich des Entstehens solcher Gedanken und solcher Bräuche in zeitlicher Ordnung festlegen zu wollen und von mehr oder weniger Ursprünglichem zu reden, sollte sich in solchen Fragen einstweilen überhaupt niemand unterfangen. Wer vermißt sich denn überhaupt so die Frage zu stellen, ob die Eindrücke von irgendwelchen Naturerscheinungen oder etwa des Ereignisses des Todes zuerst die größeren Wirkungen auf das religiöse Denken und Empfinden des primitiven Menschen gehabt haben? Als ob der primitive Mensch in einer Einheit

1*

und Einheitlichkeit begrifflich zu erfassen oder geschichtlich zu erreichen wäre. Und doch vermißt man sich immer wieder, den „Ursprung" der Religion im Seelenkult oder in Naturverehrung irgendwelcher Art nachweisen zu wollen[1], eines so falsch oder vielmehr so unwißbar wie das andere. Aber von solchen Fragen, die einstweilen den „Religionsphilosophen" überlassen bleiben sollten, abgesehen: über alle anderen irdischen Eindrücke hinaus bewegt den Menschen das Geheimnis der Zeugung und des Sterbens. Die Fülle der Bräuche bei Geburt, Hochzeit und Tod zeigt es in den Überlieferungen auch der antiken Kulturvölker. Hier gilt es einzusetzen, wenn wir zu den Wurzeln religiöser Anschauung auch dieser Völker gelangen, ich will lieber sagen, einen Weg ausfindig machen wollen. Die Frage des Woher und des Wohin des Menschen beantwortet jeder Mensch irgendwie nach Maßgabe der Formen, in denen sein Denken gefaßt ist. Hier sind die größten Geheimnisse nicht nur, hier sind die Mächte, die den ganzen Menschen, sein Empfinden und Wollen im Innersten erregen, hier glaubt nicht nur der primitive Mensch das Wirken göttlicher Wesen besonders unmittelbar zu erkennen, in den Schauern der Angst vor den Unfaßbaren, die versöhnt und verscheucht werden müssen, und in dem Drängen nach der Hilfe der Unberechenbaren, die gelockt und gezwungen werden müssen. Erzeugtwerden und Sterben ist das Geheimnis des Menschenanfanges und des Menschenendes; Zeugungskraft und Zeugungsdrang ist das Wunder seines Leibes und Lebens, Todesgrauen das einzige Schrecknis, das auch der starke Mann nie völlig zu bannen vermag, das rätselhaft Furchtbarste,

---

[1] Das Vermessenste ist es freilich, wenn Leute, die gar nicht wissen, in welchem Sinne heutige Hauptbegriffe geprägt und gebraucht sind, mit ihnen Mißbrauch treiben und etwa solchen, die unter Animismus der Beseelung der gesamten Natur in einem unwillkürlichen notwendigen Denkvorgang verstehen, vorwerfen, daß sie den Seelenkult zur Grundlage aller Religionen machen, oder aber — noch häufiger — den „Animismus" lehren wollen, den sie verkehrt verstanden haben.

das dem Lebendigen hassende Feinde, die „Todfeinde", antun können.

Wir würden weite Umwege gehen, wollten wir alles anführen, was wir aus dem griechischen und römischen Altertum von den Bräuchen wissen, die sich um die Geburt des Menschen festgesetzt haben; denn hier müßten wir zunächst beginnen. Vieles findet sich bequem in allerlei Handbüchern zusammengestellt. Wir würden auch vielfach nur immer wieder gewisse, uns genügend vertraute Anschauungen kennen lernen, vor allem die gerade bei der Geburt eines Menschen besonders mächtige Dämonenfurcht, aus der eine mannigfaltige Reihe von Schutz- und Abwehrmaßregeln vor, während und nach dem Geburtsakte hervorgehen, weiterhin die mannigfachsten Reinigungsbräuche, die Bindung des Kindes an den häuslichen Herd und seinen geweihten Bannkreis etwa durch einen „Umlauf", die Weihung von Teilen des Kindes an göttliche Wesen, die sonst sein Leben verlangen könnten, oder gar die Namengebung mit ihren Reinigungs- und Weiheriten. Es bleibt uns in all den Begehungen kaum irgend etwas unklar, es führt uns aber auch kaum irgend etwas bis zu dem Punkte, an dem sich ein Glaube über die Herkunft des neuen Wesens erkennen ließe. Es ist ja auch das bedeutsam, daß sich so vielfach im Volksbrauch gerade das in tiefem Hintergrunde verbirgt, was das große Geheimnis anzutasten schiene.

I

Es mögen drei seltsame Riten bei Geburt und Tod, von denen uns aus römischem Altertum man möchte sagen ganz zufällig vereinzelte Zeugnisse geblieben sind, den Ausgangspunkt der Untersuchungen bilden. Sie sind aus den Überlieferungen eben dieses römischen Altertums allein, das sie bis in späte Zeit geübt und gekannt hat, nicht zu erklären.

1 Seit lange bin ich aufmerksam geworden auf den bedeutsamen Wortlaut einer ganz versprengten Angabe von römischem Brauch, die uns zunächst gar nichts Besonderes zu überliefern scheint. Bei Augustinus (de civ. d. IV 11) wird nach Varros Antiquitates rerum divinarum neben Gottheiten, die mit der Geburt des Menschen zu tun haben, auch *Levana* genannt: sie hebe die Kinder von der Erde, *levat de terra*[1]. Man wird eine Erklärung, wie sie gegeben worden ist, daß Levana die Kinder von der Erde aufhebe, um sie für die Zukunft dazu kräftig zu machen, sich selbst von der Erde erheben zu können, nicht ernsthaft erwägen wollen. Um so geneigter wird man vielleicht sein, eine Levana zu verstehen, die den Vater das Kind von der Erde aufnehmen läßt in dem bekannten rechtlichen Akt, durch den der Vater das Kind anerkennt.[2] Die rechtlich feststehenden Ausdrücke für diesen Akt sind aber *tollere* und *suscipere*. Und der Zusatz *de terra* wirkt doch auch dann in der Angabe solchen Brauches immerhin seltsam. Kam es denn irgendwie darauf an, daß das Kind auf die Erde gelegt und von dort aufgenommen wurde? Ich weiß sehr

---

[1] S. Agahd *M. Ter. Varronis antiquitatum rer. div. libri I XIV XV XVII XXIV. Suppl. zu Fleckeis. Jahrb.* XXIV S. 170. Vgl. Tertullian *ad nat.* II 11.   [2] Preller *Röm. Myth.* II³ 210.

wohl, wie vorsichtig wir in der Verwendung der Deutung einer Indigitamentengottheit wie hier der Levana sein müssen; daß demjenigen, dem der Wortlaut bei Augustin verdankt wird, anderswoher als aus der Deutung des Namens Levana der Gedanke an die *terra* kam, darf man behaupten, auch wenn man den Angaben des fast unmittelbar vorhergehenden Satzes *(ipse) opem ferat nascentibus excipiendo eos sinu terrae et vocetur Opis* keine Bedeutung beilegen wird, weil das ja aus dem Namen und der Bedeutung der Ops herausgesponnen sein mag. Ich würde aber auch jene immerhin nicht präzise Überlieferung hier nicht weiter erörtert haben, wenn wir nicht sonst eben den Brauch kennten, daß ein neugeborenes Kind auf die Erde gelegt werden und von dort erst aufgenommen werden muß. Ich führe zunächst einige Beispiele aus Italien an, die in moderner Zeit beobachtet sind. Gennaro Finamore berichtet z. B. in den „Tradizioni popolari Abruzzesi" (Curiosità popolari tradizionali pubbl. Giuseppe Pitré, Torino-Palermo 1894 p. 67 ff.)[1]: *Lavato e infasciato il neonato la levatrice lo posa in terra* (Caramanico, Fara filiorum Petri); *Basta posarlo per poco su di un panno lano steso per terra* (Ortona a mare, Città S. Angelo); *Avvolto in un panno lano, il neonato si posa per poco sul piano del focolare, per fargli indurire le ossa* (Lanciano, S. Eusanio del Sangro, Castiglione Casauria). Aus Modica wird nach Guastella Canti p. CXIV (Pitré „Usi e costumi, credenze e pregiudizi del popolo Siciliano" vol. II p. 145) bezeugt: *il neonato va deposto subito sul pavimento, altrimente morrà al ospedale.*[2] Man wird hier unmittelbar den Eindruck haben, daß das Legen gerade auf die Erde in dem Brauche von wesentlichster Bedeutung ist, und man wird das Legen *sul piano del focolare* vielleicht

---

[1] Diese Angabe verdanke ich meinem Kollegen von Duhn.

[2] Mitteilung von K. Dilthey, der mich auch darauf aufmerksam macht, daß bei Basile *Pentamerone* I 400 die Sitte für Neapel angegeben wird. Er weist mich auch auf Amalfi *La culla, il talamo, la tomba nel Napoletano* (Pompei 1892) S. 9f. hin. — Ich lasse die ital. *levatrice*, auf die ich mehrfach hingewiesen wurde, mit Bedacht aus dem Spiel.

vorsichtigerweise lieber ganz von dem Legen *in terra* getrennt halten.

Wenn wir uns nun weiter durch Analogien zu dem Brauche, der in Rede steht, besser zu orientieren versuchen, so finden wir in deutschen Landen nicht unbeträchtliche Zeugnisse dafür, daß das neugeborene Kind auf die Erde gelegt werden muß. Schon altdeutsche, im besonderen auch skandinavische Sitte ist es gewesen, daß der Vater das Kind eben von der Erde, auf die es gelegt war, aufheben mußte.[1] Aber auch von dem heutigen Brauche gibt es mannigfache Zeugnisse: im württembergischen Oberamte Öhringen legte bis vor kurzem die Hebamme das Neugeborene auf den Boden, von dem es der Vater aufhob.[2] In Brieg in Schlesien legt man das neugeborene Kind zuerst auf die bloße Erde, „damit es stark werde".[3] Auch diese Bräuche *führen darauf, daß es ursprünglich mit*

---

[1] Weinhold *Deutsche Frauen* I 96. Herr D. Simonsen (Kopenhagen) teilt mir mit: im Kindbett sein heiße nord. *liggja â golfi*. Im Norden sei die Geburt auf der Erde vor sich gegangen. Die Lexikographen erklärten daraus Jordemoder = Erdmutter, z. B. Falke-Torp *Etymologiske Ordbog*. Ich füge hier eine Angabe über die Parsen bei, die mir A. Bertholet in Basel nachweist: *Encyclopaedia Britannica* XVIII 325 s. v. *Parsees: A Parsi must be born upon the ground floor of the house, as the teachings of their religion require life to be commenced in humility and by „good thoughts, words and actions" alone can an elevated position be attained either in this world or the next.* In letzter Stunde werde ich noch durch meinen Kollegen K. Rathgen auf eine Angabe Eduard Klockes (Tokio) in der Frankf. Zeitung, 20. Mai 1905, 1. Morgenblatt (Feuilleton: *Japanische Frauen und Frauenrechte*) aufmerksam. Kaibara, ein confucianischer Weiser des siebzehnten Jahrhunderts führt aus: *Man sagt, es sei bei unseren Vorfahren Sitte gewesen, ein Mädchen nach seiner Geburt auf den Boden zu legen und drei Tage daselbst liegen zu lassen. Auch hieraus erkennt man, wie der Mann mit dem Himmel, die Frau aber mit der Erde zu vergleichen ist. Und diese Sitte sollte die Frau lehren, in erster Linie ihrem Gatten zu gehorchen* usw.

[2] So bezeugt E. H. Meyer *Badisches Volksleben im 19. Jahrhundert*, 1900, S. 15.

[3] Paul Drechsler *Sitte, Brauch und Volksglaube in Schlesien (Schlesiens volkstümliche Überlieferungen* herausgegeben von Friedrich Vogt II 1) S. 183, vgl. S. 197. Ich füge hier noch einige Angaben hinzu, die mir K. Dilthey

dieser Sitte noch eine andere Bewandtnis hatte, als daß bloß dadurch das Kind von seiten des Vaters anerkannt werden sollte[1]; davon nicht zu reden, daß die Deutungen, die uns vielfach gegeben werden, daß das Kind dadurch stark, arbeitsam, gescheit, demütig werden solle, einer aufgeklärten, d. h. dem Brauch gegenüber lediglich unwissenden Zeit entstammen. Es gibt sichere Zeugnisse dafür, daß wir nicht in dem Legen des Kindes an den Herd, an den Ofen und unter den Tisch, von dem oft berichtet wird, das Wesentliche des Brauches zu sehen haben, von dem etwa das Legen auf die Erde erst eine zuletzt

---

notiert: Wlislocki *Sitte und Brauch der Siebenbürger Sachsen* 13: *Hört sie (die Mutter) den ersten Donner, da legt sie ihren „Engel" auf die Erde, damit er dadurch stark werde.* Temesváry *Volksbräuche und Aberglauben in der Geburtshilfe und der Pflege des Neugeborenen in Ungarn* (1900) S. 127: *An vielen Orten beschmiert man das Kind nach der Geburt, besonders an Händen und Füßen, mit Blut und legt es bis zur Entfernung der Placenta auf die Erde unter den Tisch.* *Schweiz. Archiv f. Volkskunde* VIII 1904 S. 267, „*Allerhand Aberglauben aus dem Kanton Bern*": *Vor dem Taufgang soll das Kind auf den Boden gelegt werden, damit es demütig werde.* Grohmann *Aberglauben aus Böhmen* S. 106, 764. *

[1] So sagt schon Ernst Samter in seinem prächtigen Aufsatz *Antiker und moderner Volksbrauch*, Beilage der Münch. Allgem. Zeitung Nr. 116 vom 25. Mai 1903. (Vgl. dess. Verf. *Familienfeste der Griechen und Römer* 62 ff.) Er hat bereits den antiken und deutschen Brauch auch in diesem Falle zusammengestellt. Mit Hilfe der griechischen ἀμφιδρόμια, bei denen das Kind um den Herd getragen und dann dort niedergelegt wird, und mit Hilfe der deutschen Bräuche, nach denen das Kind am Herd oder weiterhin dafür am Ofen oder unter dem Tische niedergelegt wird, kommt er zu der Erklärung, daß das Kind unter den Schutz der Hausgötter gestellt wird. Das halte ich für durchaus richtig, nur erschöpft es noch nicht das Verständnis der einzelnen Elemente eines Brauches, der wie die meisten Riten derart nicht aus einem einzigen Momente entstanden zu sein und darum auch nicht aus einem Punkte erklärt zu werden braucht. Weiteres s. oben. Die ἀμφιδρόμια gehören nicht in meinen Zusammenhang. Das Legen auf die Erde ist da, wenigstens in unseren Zeugnissen, ganz verschwunden oder nie vorhanden gewesen. Wieweit beides darin einen ursprünglichen Zusammenhang haben könnte, daß für den ursprünglichen Menschen seine Erde der Erdboden seines Hauses war, läßt sich auf Grund von Zeugnissen nicht erörtern.

übriggebliebene Abschwächung wäre. Ich wurde erst ganz sicher, daß das Legen auf die bloße Erde ein besonderes Ingredienz der heiligen Handlungen am Neugeborenen ausgemacht haben müsse, als mir eine hessische Landsmännin[1] zuverlässigen Bericht gab, wie sie selbst als Kind nachträglich — die Kränklichkeit der Kleinen sei dem zugeschrieben, daß sie nach der Geburt nicht auf die Erde niedergelegt worden sei — auf herbeigeschaffte frische Erde gelegt werden mußte unter allerlei magischen „Formalitäten". Dabei spielte die Erde nicht im mindesten die Rolle eines medizinischen Hausmittels. Und es kann doch nur in diesem Zusammenhange verstanden werden, wenn die Hebamme auch noch den Namen „Erdmutter" führt.[2] „Hebamme" wie „Erdmutter" werden dann in moderner Literatur wörtlich ebenso erklärt, wie der Römer nach dem Zeugnis, von dem ich ausging, seine *Levana* erklärte.

Wenn das Kind an den Herd ohne Zweifel zu dem Zwecke gelegt wird, es den Schutzgöttern des Hauses zu weihen und zu verbinden, es ihrem Schutze zu übergeben, ähnlich wie

[1] Frau Elise Mentzel in Frankfurt a. M. (aus Marburg), die mir weiterhin noch folgendes mitteilte: *Wie heute vernehme ich noch die Worte einer Nachbarin, der Frau Metzger Stang in Marburg, die einmal über einen in Amerika emporgekommenen und sehr intelligenten Verwandten äußerte: „Ja der ist auch gleich auf gute Erde gelegt worden!" Als ich sie fragte, was denn das für Erde gewesen sei, erwiderte sie „Schwarze Walderde vom Ortenberg"* (so hieß früher der Spiegelslustberg nach der Weidenhäuser Seite zu, wo viele Leute Gärten hatten). *Daran hat sie noch eine Erklärung gefügt, auf die ich mich aber trotz eifrigsten Nachdenkens nicht besinnen kann.*

[1] Angaben bei Rochholz *Alemannisches Kinderlied und Kinderspiel* 279 ff. (dort auch Weiteres zur *humi positio infantum*). Den Hinweis verdanke ich Hoffmann-Krayer in Basel. — Den Brauch, den ich für manche Gegenden in Deutschland bezeugt fand, daß man Kindern, um deren Erhaltung man besonders bange sei, einen mit *Erd* zusammengesetzten Namen z. B. Erdmann geben müsse, um sie sicher am Leben zu erhalten (Wuttke *Deutscher Volksaberglauben*[3] 387, Knoop *Volkssagen aus dem östl. Hinterpommern*[1] 55), dessen ich auch in meiner *Mithrasliturgie* 144 gedachte (ich gebe oben die Ausführung des dort nur, soweit es notwendig war, angedeuteten Gedankenganges), wage ich nun nicht

man das Kind dem Schutze der Götter übergibt[1], denen man es im Tempel darstellt, in deren Schoß man es legt, so kann ein Legen des Kindes auf die Erde auch nur Weihung und Übergabe an eine Gottheit bedeuten. Diese Gottheit aber wäre ersichtlich keine andere als die Erde selbst. Sehen wir uns in römischen Überlieferungen, von denen wir ausgingen, um, so werden wir freilich eine zureichende Erklärung für die Rolle, die die Erdgottheit hier zu spielen hätte, nicht finden. Wir kennen vor allem als ursprüngliche Erdgöttin die *Tellus*, wie sie später so häufig heißt, *Tellus mater*. Nur ein Zeugnis wollen wir hier festhalten, das uns nahe an die Sphäre führt, in der wir untersuchen. Tellus wird bei der Eheschließung angerufen: zu der Stelle in Vergils Aeneis IV 166, wo es heißt, als Aeneas und Dido in die Höhle fliehen, in der sie ihre Hochzeit begehen, *prima et Tellus et pronuba Iuno dant signum*, steht bei Servius: *quidam sane etiam Tellurem praeesse nuptiis tradunt; nam et in auspiciis nuptiarum invocatur: cui etiam virgines, vel cum ire ad domum mariti coeperint, vel iam ibi positae, diversis nominibus vel ritu sacrificant.* Alle antiken Hochzeitsriten, soweit sie nicht einfach lustralen Charakters sind (was denn freilich doch öfter keine ganz ausreichende Erklärung ist) oder sich

---

mehr irgendwie zu verwenden, nachdem mich Edward Schröder belehrt: „Erdmann, Erdwin usw., usw. besonders aber Erdmuth und Erdmuthe sind ebenso wie die ihnen gegebene Deutung eine Erfindung obersächsischer Pastoren aus dem 17. Jahrhundert." Freilich hat den Pastoren ihre Theologie allein die oben angedeutete Erklärung doch wohl nicht eingegeben. Während der Korrektur lerne ich durch meinen Kollegen v. Waldberg die Ausführungen Hermann Joachims im *Korrespondenzblatt für niederdeutsche Sprachforschung*, Jahrg. 1905, Heft XXVI, Nr. 1/2, S. 28 ff. kennen. v. Waldberg weist mich auch darauf hin, daß die Bedeutung des Namens Adam nicht ohne Einfluß auf diese Namengebung gewesen sein werde.

[1] Eine Reihe sehr lehrreicher Beispiele solcher Weihungen der Kinder an Gottheiten aus dem Altertum bei Benndorf *Griechische und sicilische Vasenbilder* S. 56 f.

auf die Aufnahme der Frau in einen neuen Kult beziehen, gelten der Zeugung und Geburt, dem Kindersegen. Ungezwungen ergibt sich der Gedanke, daß die *Tellus mater* ihn geben soll.

Aber wir können auf römischem Boden zu weiterer Erkenntnis nicht kommen.[1] Die angezogenen Zeugnisse stehen zu vereinzelt. Und ebensowenig ist in Deutschland für die deutschen Bräuche, die angeführt wurden, irgendeine direkte Aufklärung zu finden. Wir müssen wiederum weiter greifen, um durch noch andere Analogien womöglich belehrt und besser orientiert zurückkehren zu können.

Wer auch nur ein wenig die Literatur über die sogenannten kulturlosen Völker beachtet hat, der weiß, wie verbreitet bei vielen von ihnen der Glaube an eine „Mutter Erde" ist. Bei

---

[1] Vielleicht liefern zwei Denkmäler, auf die ich nachträglich durch K. Dilthey aufmerksam werde, noch direkte Belege. Auf einem römischen Sarkophage von der Via Latina, *Annali dell' Inst.* 1868 Tav. QR, ist zweifellos eine Geburtsszene dargestellt; unter der Kline, auf der die Frau, gewiß die Mutter, ruht, liegt ein nackter Knabe, offenbar das neugeborene Kind. Schon Wernicke *Archäol. Zeitung* XLIII 1885 S. 221 hat das mit der römischen Sitte erklärt „das Neugeborene auf den Erdboden zu legen und der Entscheidung des Vaters zu überlassen, ob er es anerkennen wolle oder nicht". Auf einem pompejanischen Friesbilde, Helbig *Wandgemälde* nr. 1401⁶ 2, abgebildet auf Tafel XIX, ist ein am Boden liegendes nacktes Kind zu sehen, neben einem mit Laub umwundenen konischen Gegenstand. Links sitzt und rechts steht eine Frau. Die Gruppe von vier Friesbildern, zu denen dieses gehört, stellt gewiß mythologische Szenen dar; es sind keine Genrebilder. Dennoch könnte im Sinne der Sitte, die wir betrachteten, bedeutungsvoll sein, daß das Kind nackt am Boden liegt. Weiter kommen läßt sich, wie man sieht, durch diese Darstellungen nicht. So mag denn gleich hier nur die Frage aufgeworfen werden, ob die *Darstellungen von am Boden hockenden Knäbchen*, vor allem die, welche in den Heiligtümern der Kurotrophoi geweiht wurden, nicht in unseren Zusammenhang gehören. *Es ist das durch seine Geburt in die fremde Welt ausgesetzte Kindlein, das auf dem Boden kriechend, sein Händchen nach der Kurotrophos ausstreckt, um in ihren Schoß aufgenommen zu werden,* sagt Dittmar Heubach in der Heidelb. Dissertation *Das Kind in der griechischen Kunst* 1903, S. 26, wo man die Belege für diese Denkmäler findet. Es kann nicht anders sein, als daß das Hocken an der Erde seine ganz konkrete Bedeutung hat.

ihnen sind „Volksglaube" und „Volksbrauch" ihre ganze Religion und ihr ganzer Kultus. Bei den Eingeborenen von Nordamerika, den Indianern, spielt die Erdmutter die größte Rolle. Den Comantschen ist die Erde ihre eigene Mutter, der große Geist ihr Vater. General Harrison rief den Häuptling der Shawnees, Tecumseh, zu einer Unterredung „Komm her, Tecumseh, und setze dich zu deinem Vater!" „Du mein Vater?", sagte der Häuptling. „Nein, die Sonne dort (nach ihr hinweisend) ist mein Vater und die Erde ist meine Mutter, ich will an ihrem Busen ruhen", und er setzte sich an ihren Busen. Die Kariben sagten beim Erdbeben, daß ihre Mutter Erde tanze; sie gebe ihnen so ein Zeichen, daß sie auch tanzen sollten.[1] Aus Zentralaustralien berichten Spencer und Gillen[2] von einem Erdloch und daranliegendem Stein, *the Erathipa stone*, aus dem die Kinder herauskommen. *There is on one side of it a round hole through which the spirit children are supposed to be on the lookout for women who may chance to pass near.* Weiber, die Kinder wünschen, wallfahrten zu diesem Steine. *It is firmly believed that visiting the stone will result in conception. If a young woman has to pass near to the stone and does not wish to have a child she will carefully disguise her youth, distorting her face and walking with the aid of a stick. She will bend herself double like a very old woman, the tones of whose voice she will imitate, saying „Don't come to me, I am an old woman".*[3]

---

[1] Tylor *Anfänge der Kultur* (Übers. Spengel u. Poske) I 321; dort weitere Quellenangaben.

[2] Spencer and Gillen *The Native Tribes of Central Australia* 337.

[3] Nach dem Glauben der Maori in Neuseeland entstehen die Menschen so, daß zwei göttliche Wesen, der Tiimaarauta, der den festen Kern, das Gebein der Erde repräsentiert, und der Tiimataaraatai, der die lockere Hülle, den Strandaufwurf, das Fleisch des Landes darstellt, Menschengestalt annehmen, Schirren *Die Wandersagen der Neuseeländer* 147, wo noch die bedeutsame Tatsache angegeben wird, daß *whenua*, das Wort für Erde, auch die Placenta bedeute, „welcher (der Placenta) nach neuseeländischer Lehre ein so vorwiegender Anteil an der Menschenerzeugung zukommt".

Bei den Armeniern gilt die Erde „als der Mutterstoff, aus dem der Mensch geboren wird".[1] In Märchen und Sagen brauchen die Divs dem Menschen gegenüber häufig das Attribut „Holatsin", d. i. „Erdgeborener". In russischen Liedern und Sagen ist ein Ausdruck gebräuchlich, der etwa die „Mutter Feucht-Erde" bedeutet. In der Mythologie der Lappen und Esthen ist es nicht anders, sie verehren die Erde als ihre Mutter. Die Finnen haben Ukko, den Großvater, den Himmelsgott, und Akka, die Großmutter, die Himmelsgöttin.[2] Die Esthen rufen die Erde als Schutzgöttin der menschlichen Geburt an[3], die alten Litauer gießen bei der Geburt eines Kindes der Erdgöttin eine Spende[4] — ein für uns besonders bedeutsamer Zug. Einige Stämme Indiens haben noch heute einen ausgebildeten Kultus der Erdmutter, während z. B. schon für den vedischen Glauben die Erde und der Himmel Mächte von nur schattenhafter Bedeutung geworden waren. Mit einem aus „uralter Zeit ererbten Ausdruck", so drückt sich Oldenberg[5] aus, wird vom Vater Himmel, der Mutter Erde gesprochen. Besonders deutlich läßt sich noch die Vorstellung der alten Peruaner und mehr noch der Mexikaner erkennen. Die ersteren verehrten die Mama-Pacha, die „Mutter-Erde". Die Mexikaner

---

[1] So lautet wörtlich die Angabe, die mir Herr Chalatianz, Lektor an der Universität Heidelberg, gemacht hat. Auch die oben folgenden Angaben über armenischen und russischen Glauben stammen von ihm. Er ist des Deutschen so mächtig, daß auch seine deutsch gemachte Angabe objektiven Wert hat. Armenischem und russischem Volksglauben ist er seit längerer Zeit zu wissenschaftlichen Zwecken nachgegangen.

[2] Tylor a. a. O. II 271 ff.

[3] Castrén *Vorlesungen über finnische Mythologie*, übersetzt von Schliefner, 1853, S. 86 ff.

[4] Praetorius-Pierson *Deliciae Prussicae* S. 94. *Zemyna* oder *Zemynede* ist ihre Erdgöttin, vgl. Mannhardt *Zeitschr. f. d. Altertum* XXIV 160 ff. Usener *Götternamen* 105, E. H. Meyer *Zeitschr. d. Vereins f. Volkskunde*, Berlin, 1904 XIV 15 ff. Bei den Letten ist *Semmes mâte* die Erdmutter, ihr Bruder *Zemepatis* der Erdherr: bei ihrem Opferfest drückt jeder Teilnehmer vor dem Essen sein Brot an die Erde, s. d. a. O.

[5] *Religion des Veda* 240.

kamen, so glaubten sie, aus der Erde, aus Chicomoztoc, dem Ort der sieben Höhlen. Der „Ort, wo die Kinder der Menschen erzeugt werden", ist zugleich das Totenreich. Es ist zugleich die Unterwelt, der Ort der Vorfahren und die Urheimat.[1] Die Peruaner kennen aber auch steinerne Menschen, die erst durch Namengebung belebt wurden, und es ist wohl nicht voreilig angenommen, daß die Menschen, die etwa nach dem Glauben der Iranier aus Reispflanzen, der Altnorweger aus Askr und Embla, Esche und Ulme wurden, eben auch als aus der Erde hervorwachsend nach dem gleichen Glauben an die Mutter der Menschen, die Erde, beurteilt werden müssen. Freilich muß immerhin auseinandergehalten werden, ob es sich um einen Mythus von der Entstehung der ersten Menschen handelt[2] oder um einen Glauben an die Herkunft jedes einzelnen Menschen, der geboren wird, so sehr beides unverkennbar in einem engen Zusammenhang gestanden hat.

Den Brauch, das neugeborene Kind auf die Erde zu legen, habe ich in der mir bekannt gewordenen Literatur nur einmal

---

[1] K. Th. Preuß *Archiv f. Religionswissensch.* VII 234. Vgl. Preuß *Die Feuergötter als Ausgangspunkt zum Verständnis der mex. Religion*, Mitt. anthrop. Ges. 1903, 148 ff.

[2] Die kosmogonischen Mythen vieler Naturvölker kennen ein erstes Paar, aus dem alles entsteht, das Weib ist die Erde, der Mann nicht selten der „Himmel" oder auch der Sonnengott, das Befruchtende ist natürlicherweise Sonnenstrahl oder Regenguß. Recht lehrreich sind Erzählungen wie die des neuseeländischen Schöpfungsmythus: Himmel und Erde hielten sich als Ehepaar umfaßt, das alle Wesen erzeugte, die aber alle im Dunkeln waren, weil jene sich so dicht umschlossen hielten. Die Kinder ratschlagten, wie sie ans Licht kommen könnten. Die Trennung der Eltern gelang endlich dem „Vater der Wälder": er stemmte den Kopf gegen die Mutter Erde, die Beine gegen den Vater Himmel: er stieß den letzteren in die Höhe und es wurde hell. Der Himmel weinte im Trennungsschmerz Tautropfen usw., Grey *Polynesian Mythologie* 1855 Anfang. Merkwürdiges erwähnt Frobenius *Weltanschauung der Naturvölker* 350 von den Yoruba: in den Tempeln stelle man die Vereinigung des Himmelsgottes und der Erdgöttin durch zwei untertassenförmige, eng aneinander geschmiegte Kalebassen dar. Die obere sei der Himmel, die untere die Erde.

bezeugt gefunden: bei den Weddas auf Ceylon werde das Neugeborene „auf die Erde deponiert und dann ein Pfeil an seine Seite hingelegt", das sei „eine nie vernachlässigte Zeremonie, welcher die Weddas von Wewatte die größte Wichtigkeit beilegten".[1]

Nach diesem Umblick in die Anschauungen so verschiedener Menschenarten der Erde müssen wir doch noch einmal zurückblicken in irgendwie zugehörige Vorstellungen unseres eigenen Volkes. Hier müssen wir am ersten, auch wenn direkt aussagende Zeugnisse des Volkbrauches nicht mehr anderweit vorhanden zu sein scheinen, die Gewähr haben, ohne arge Mißdeutungen noch etwas tiefer zu blicken. Daß man auch im deutschen Glauben schon ältester Zeit die Anschauung von der mütterlichen Erde gehabt hat, kann durch manches Zeugnis[2] belegt werden von dem alten angelsächsischen Zauberspruch an, der den Acker wieder fruchtbar macht: *erce, erce, erce, eordan môdor* oder *hâl ves thu folde, fira môdor* „Heil sei dir Erde, der Menschen Mutter". Weiter heißt es: „sei du wachsend in Gottes Umarmung, mit Nahrung erfüllt zum Nutzen der Menschen."[3] Jakob Grimm beginnt

---

[1] Paul und Fritz Sarasin *Ergebnisse naturwissensch. Forschungen auf Ceylon* III 508f. Wenn der Brauch der Weddas, um einen Pfeil zu tanzen, der mit der Spitze in den Boden gestoßen ist, ein der Erde geltender Befruchtungszauber sein sollte (was auch den Herren Sarasin, wie ich durch mündliche Mitteilung weiß, längst wahrscheinlich erschienen ist), so wäre auch die Rolle des Pfeils verständlich. Aber wir müssen uns in diesem Falle einstweilen damit begnügen, das Tatsächliche einfach zu registrieren.

[2] Die oft angeführten Worte des Tacitus von der Nerthus *id est Terram matrem colunt* (*German.* c. 40) sind kein Zeugnis für uns, wie es nach so vielfachen falschen Behandlungen der Nerthus scheinen könnte. Auch ich hatte sie in Rechnung gestellt, bis Wissowa mir den Blick schärfte. Auf jeden Fall beweisen die Worte für germanische Anschauung nichts, da doch nur Nerthus gleich der römischen Terra mater gesetzt wird, mater also zur *römischen* Nomenklatur gehört.

[3] S. Grimm *Deutsche Mythologie* I⁴ 210. E. H. Meyer *German. Mythologie* 287. Golther *Handbuch der german. Mythologie* 455.

seine Besprechung der Erdgöttin in der Deutschen Mythologie damit: „Fast in allen Sprachen wird die Erde weiblich und, im Gegensatz zu dem sie umfangenden väterlichen Himmel, als segnende, gebärende, fruchtbringende aufgefaßt."[1] Er erörtert fein auch die Ähnlichkeiten des Kultus, der sich hier und da noch in Rudimenten erkennen läßt, mit dem der phrygischen großen Mutter und der Mutter Isis. Und doch zeigt sich auch da alsbald, daß die eigentliche göttliche Mutter Erde ganz in den Hintergrund tritt gegenüber den großen persönlichen Gottheiten, die nur in einzelnen Zügen ihre Verwandt-

---

[1] I⁴ 207. S. auch die Angaben III⁴ 183 ff. Mogk *German. Mythologie* 138 ff. Die Auffassung bei E. H. Meyer *German. Mythologie* 267 u. s., der von einer Umformung der Wolkengöttin zur Göttin der Erde spricht, „die ja mit der Wolke durch ihre Massigkeit, Berührung und Befruchtung durch dieselbe in engem Zusammenhang steht", zeigt, wie sogar das Verständnis der alten Verehrung mütterlicher Erde, das Jakob Grimm natürlich im wesentlichen hatte, einer im eigentlichsten Sinne bodenlosen Wolkenmythologie verloren gegangen ist. „Die sog. Erdgöttinnen sind durchweg nur die Erde befruchtende und nur deswegen auch wohl nach der Erde benannte Wolkengöttinnen, keineswegs umgekehrt." S. 294 steht wörtlich zu lesen: „Auch die sog. Erdgöttin ist nur eine Sproßform der erdbefruchtenden Wolkengöttin und einer ihrer Hauptcharakterzüge, die Mütterlichkeit, erst von der Wolke auf die Erde übertragen worden." So blind können die sinnlosen Formeln einer solchen Deutungs- und Umdeutungs-„Mythologie" gegen religiöse Anschauungen machen, die dem natürlichen Denken zu allen Zeiten die klarsten und unmittelbarsten gewesen sind. — Auch bei den Germanen kennt man das Paar des Himmelsgottes und der Erdgöttin, des männlichen, zeugenden und der empfangenden, gebärenden (Golther *Handbuch* 454 ff.). Der Himmelsgott tritt aber ganz zurück gegen die hohen Götter, denen der Kult gilt, und ich würde auch hier nicht einmal wagen, Himmel und Erde das „älteste" Paar der Mythologie zu nennen. Darum kann es nicht weniger von größter Wichtigkeit sein für das Verständnis ältesten Denkens. Wer die Zeugung vollbracht hat, wenn neues Leben emporwächst, bleibt auch ursprünglichem Denken immer viel unbestimmter und wird viel verschiedenartiger erschaut als die Mutter, die die neuen Geburten heraufsendet: das ist ein für allemal der Schoß der Erde. Daß es mir nicht darum zu tun ist, etwa Mutter Erde und Vater Himmel als indogermanische Hauptgottheiten oder gar als Hauptgottheiten aller möglichen anderen Völker nachzuweisen, wird oben immer deutlicher werden. Des-

schaft mit der alten Menschenmutter noch erkennen lassen. Sie bleibt immer in einem geheimnisvollen Dunkel, gerade wie die Tellus mater in Rom, um vom griechischen Altertum jetzt noch nichts zu sagen, immer mehr zurückgedrängt worden ist. Nicht bloß die Beobachtung, daß die durchsichtigen Götternamen der „Sonne", der „Erde" nie zu Namen der großen Göttermächte geworden sind wie die undurchsichtigen undeutbaren Namen, erklärt diese Tatsachen: wir glauben zu erkennen, wie eine tiefe Scheu von den Geheimnissen des mütterlichen Erdenschoßes, der eigenen Mutter, die Hülle zu heben verbietet.

So blieb nur in einem, heute auch fast verschwundenen Brauche das Verhältnis der Neugeborenen zur Erde erkennbar, den niemand mehr aus dem alten Glauben zu erklären weiß. Aber ist denn kein Rest solchen Glaubens geblieben in dem, was das Volk auf die jedem Volke immer lebendige Frage antwortet: woher kommen die Kinder? Sehen wir einige Antworten an, die wir natürlich nicht aus den Antworten auf neugierige Kinderfragen entnehmen dürfen. Braunschweig hat seinen Gödebrunnen im Osten der Stadt, aus dem die Kinder kommen, Cöln hat seine Klingelspütz, aber auch einen Brunnen

---

halb brauche ich mich auch nicht mit indogermanischen Göttern, von denen ich nichts weiß, auseinanderzusetzen; z. B. die Ausführungen Kretschmers in der *Einleitung in die Geschichte der griech. Sprache* 90 f. gegen die Geltung des Himmels und der Erde als indogermanischer Hauptgottheiten überzeugen mich nicht nur völlig, sondern zeigen mir zwei höchst wertvolle Tatsachen: einmal, daß gerade der männliche Teil des Paares im ἱερὸς γάμος, dessen weitverbreitete Vorstellung natürlich Kretschmer erkennt und bestätigt, mannigfach verschieden gedacht und verbunden wird, weiterhin daß in mehreren Einzelentwicklungen in ganz ähnlicher Weise das Paar und im besonderen die Erdgottheit im dunkeln Hintergrund bleibt und eben hinter die Hauptgottheiten zurücktritt. Wenn in den Kulten irgendeines Volkes eine Verehrung der Erde wie vielfach nicht mehr nachzuweisen ist, so stört das darum um so weniger meine Schlüsse. Daß das Ziel meiner Untersuchung mit den Zielen der „vergleichenden Mythologie", die Kretschmer bekämpft, nichts gemein hat, wird sich zeigen.

an der St. Kunibertskirche, wo die Kleinen vor der Geburt um
die Mutter Gottes herumsitzen, die ihnen Brei gibt und mit
ihnen spielt. Im Schwarzwald bringt das Dorfbäsele die Maidle
und Büble aus den „frischen Bächen", die aus den Bergen
herunterkommen. Aus dem Titisee am Feldberg, aus dem Frau
Hollenteich auf dem Meißner, dem Festenburger Teich bei
Schulenburg im Harz, wo die große Wasserfrau sitzt, die die
Kinder bei sich hat, und unzähligen anderen beziehen alle
Weiber dieser Gegenden ihre Kinder.[1] Oder aber aus dem
Kinderbusch bei Gräfrath, aus der großen Linde bei Nierstein
in Rheinhessen, aus dem heiligen Baum bei Nauders in Tirol
(er blutet, wenn einer hineinhaut), aus der Tititanne am Feldberg, dem Kindlibirnbaum im Aargau und aus so vielen anderen, oft auch hohlen Linden, Buchen, Eichen, Eschen.[2] *
Endlich aber kommen die Kinder nach vielfachem Glauben aus

---

[1] Noch mehrere Mitteilungen, die ich nicht der Literatur, sondern privater Mitteilung verdanke, sollen hier eine Stelle finden. H. Diels schreibt mir, daß man früher in Wiesbaden die Kinder aus dem Wiesenbrünnchen kommen ließ, das hart an der südlichen Seite der südlichen Kolonnade lag: *Jetzt ist es wohl umgetauft und eingebaut. In meiner frühesten Jugend waren noch Wiesen da, von denen ja Wiesbaden = Mattiacum (s. Müllenhoff IV 592) seinen Namen hat. Heutzutage weiß niemand mehr etwas von dem Wiesenbrünnchen.* Dr. Carl Ausfeld notiert mir einen Brauch aus seiner Vaterstadt Schlitz: *In der Nähe des Städtchens ist ein tiefer Brunnen, der „Pengstborn"; dort holt die Hebamme (Born-Eller genannt) die kleinen Kinder. Pfingsten zogen früher die Kinder in großen Scharen zu diesem Brunnen, holten in besonderen Krügen dort Wasser und trugen es nach Hause. Auf dem Hinweg wurde mit den Krügen, in denen man schon beim Einkauf ein Steinchen mitkaufte, gerasselt.* R. Hackl in München gibt mir die Angabe eines, der in Kehlheim, am Einfluß der Altmühl in die Donau, zu Hause ist, weiter. Man habe dort den Kindern gesagt, die Neugeborenen holte die Frau Biersack (so hieß die Hebamme) aus dem Schaum, der sich auf dem Fluß unter der Brücke sammle — Schaumgeborene!

[2] Wie mir Nicola Terzaghi in Florenz bezeugt, sagt man in Toscana, besonders in Florenz, die Kinder kämen von einem Kastanienbaum, den man aber nicht identifiziere, ebensowenig wie die Rosen bzw. Rosenbüsche oder auch Weißkohlköpfe, die in der Emilia (Parma) statt der

Felsen[1] und aus Höhlen, wie etwa im schwäbischen Staubachtale die Hebamme alle Kinder aus der Höhle des Rosensteins holt, wo sie ihr von einer weißen Frau gereicht werden. An die Lebenslichtchen in der Höhle mag nur erinnert sein. Aber seine Stelle finden darf hier jedenfalls der mehrfach belegte Glaube des Volkes in den Vogesen, daß aus diesen oder jenen Felsen, die in den verschiedenen Gegenden eben verschieden sind, die kleinen Kinder zur Welt kämen.[2]

Sind das nicht alles verschiedene Formen der Grundvorstellung, die alle Kinder aus der Erde „quellen" und

---

* Bäume in Betracht kämen. Wieweit die Rede in der Bretagne und im Elsaß, daß die Kinder aus Krautköpfen (choux) kommen (Norberg *Im Urdsbrunnen* VII 127) oder gar die Schilder der Pariser Hebammen, auf denen die Kinderköpfchen aus Rosen herauskommen, hierher gehören, weiß ich nicht. (Der Storch gehört natürlich überhaupt nicht hierher, hat er doch auf keinen Fall mit der Herkunft der Kinder etwas zu tun. Er holt sie ja überdies auch aus Teichen und Brunnen, Flüssen und Mooren, besonders häufig aus Felsen und Steinen in Pommern *Am Urquell* V 254.) Noch mehr Belege außer den angegebenen findet man bei O. Schell *Urquell* IV 224 ff., Mannhardt *German. Mythen* 256, 668 ff., F. S. Krauß *Im Urdsbrunnen* VII 82, vgl. ebenda I 12 ff., 22 ff., E. H. Meyer *Deutsche Volkskunde* 101 ff. Hier mag eine freundliche Mitteilung von Herrn Algot Ruhe aus Lund (Schweden) notiert sein: *Als ich klein war, hat man mir erzählt, daß die Kinder in der Universitätsstadt Lund, wo ich geboren bin, vom Storche aus dem Helgonadam (Teich der Heiligen) geholt wurden. Da wohnte in der Erde der Riese Finn mit seiner Familie, er der für St. Laurentius den Dom in Lund baute (von Esaias Tegnér dichterisch behandelt). In der Nachbarstadt Malmö wurde meinen Vettern erzählt, sie kämen aus dem Piledam (Teich der Weiden).*

[1] In Pommern werden die Kinder vielfach aus Steinen, „Großsteinen", „Schwansteinen", dem Uskahn bei Saßnitz, dem Buskamen (d. i. Gottesstein?) vor Göhren auf Mönchgut zur Welt gebracht: es heißt wohl auch, die Steine würden mit einem Schlüssel aufgeschlossen und * die Kinder herausgeholt, A. Haas *Am Urquell* V 254 ff.

[2] Perdrizet hat in den *Annales de l'Est*, Januar 1904, eine unentzifferbare Inschrift mitgeteilt, die sich an einem *Roche du Trupt* genannten Felsen in den Vogesen bei Luvigny befindet. Bei dieser Gelegenheit erzählt er (S. 12 des S. A.): *Ainsi les petits enfants de Luvigni viendraient au monde sous la Roche; ce serait la Roche qui les produirait, ils en sortiraient. Cette légende, qu' on retrouve en divers*

„wachsen" läßt? Ich wüßte nicht, daß es wirklich echten Volksglauben gäbe, der die Herkunft der Kinder in einer Weise auffaßte, die nicht mit dieser Grundvorstellung zusammenginge. Oft finden wir es in gut bezeugten Anschauungen des Volkes selbst ausgesprochen, daß etwa, wo der Baum die Kinder trägt, sie eben drunten in der Erde waren, ehe sie herauswuchsen. So heißt es, nach einem vortrefflichen Zeugen[1], von der Linde bei Nierstein: *Da holen die Frauen aus der ganzen Gegend die Kinder. Wenn man das Ohr an die Erde legt, hört man, wie die Kleinen unter der Erde jubeln und schreien.*

2 Wir betrachten eine zweite lateinische Überlieferung, deren Wortlaut wenigstens gar keinen Bedenken unterliegt. Daß Iuvenal mit den Worten (XV 140) *Terra clauditur infans et minor igne rogi* auf einen Brauch hindeutet, Kinder zu begraben, die für den Scheiterhaufen noch zu jung sind, kann um so weniger zweifelhaft sein, als bei Plinius einmal (h. n. VII 72) zu lesen steht *Hominem prius quam genito dente cremari mos gentium non est.*[2] Vor kurzem hat ein englischer *

endroits de la region vosgienne, notamment à Saint-Dié[1]*, à Remiremont*[2]*, à Senones*[3]*, à Belfort*[4] *est la survivance d'un mythe sur l'origine de l'homme etc.* In den Anmerkungen gibt er dazu die Belege: [1] „Château des Fées" *à l'Ormont.* — [2] *Ein Fels Kerlinkin (La Lorraine illustrée p. 301).* — [3] *Roches Mère Henri ou Mord Henri.* — [4] *Rocher de la Miotte, Bulletin de la société belfortaine d'émulation XI, 1892, p. 131.* Ich verdanke den Hinweis auf diese Angaben Paul Wolters.

[1] J. W. Wolf *Hessische Sagen,* Leipzig, 1853, S. 13. *

[2] Die Stelle des Fulgentius *exp. serm. ant.* p. 113, 19 ff. Helm: *priori tempore suggrundaria antiqui dicebant sepulchra infantium qui necdum quadraginta dies implessent, quia nec busta dici poterant, quia ossa quae comburerentur non erant, nec tanta inmanitas cadaveris quae locum tumisceret,* lasse ich lieber beiseite, obwohl ich sie für das, worauf es oben ankommt, ruhig verwenden dürfte. Man darf auch solche Funde, wie sie z. B. in Orvieto gemacht sind, als gewichtige Bestätigung der literarischen Zeugnisse gelten lassen: in einem Grabe fanden sich neben Aschenurnen unverbrannte Kinderknochen, *Notizie degli Scavi* 1887, 61, s. Mau bei Pauly-Wissowa III 346. Eine eigenartige Bestätigung gewinnt der besprochene Brauch durch die Funde von Tell Ta'annek in Palästina,

Gelehrter[1] den Sinn dieses Brauches im wesentlichen richtig
durch Analogien aufgeklärt und hat eben nur das Eine nicht
hervorgehoben, welche Bedeutung die Erde, in die begraben
wird, für den Glauben hat, der jene Sitte schuf. Die Hindus
dürfen nach dem Gesetze des Manu Kinder unter zwei Jahren
nicht verbrennen, sondern müssen sie begraben.[2] Wir wissen
von einem Glauben der Huronen in Nordamerika, nach dem
es zwei Arten von Seelen gibt: die einen gehen gleich nach
dem Tode des Menschen zum Totenland gen Westen, die
anderen bleiben beim Leibe im Grabe, bis sie ein Weib mit
einem Kinde wieder zur Welt bringt.[3] Ebendort gibt es dann
auch die besondere Sitte, Kinder, die noch nicht zwei Monate
alt sind, nicht auf dem gemeinsamen Friedhofe, sondern am
Wege zu begraben, damit sie in vorbeikommende Weiber eingehen
und so wiedergeboren werden könnten. Von den Algonkinindianern
im besonderen wird der gleiche Brauch bezeugt.[4]
Genau dasselbe wird auch aus Westafrika erzählt.[5] Daß in
allen diesen Sitten, die bei so verschiedenen Völkern in so
gleichen Formen sich zeigen, die Erde es ist, die des Kindes

---

s. Ernst Sellin in der *Denkschr. der Wiener Akad. philos. hist. Klasse*
L (1904) IV S. 33 ff., S. 36 (Wünsch weist mich darauf hin): *daß wir aus
diesem Funde zu lernen hätten, daß die alten Bewohner des Hügels
Kinder bis zu einem gewissen Alter — etwa 2 Jahren — noch nicht in
den Familiengräbern, sondern unter oder bei ihren Häusern oder auch auf
einem eigens dazu bestimmten Platze beisetzten*. Vgl. S. 96 f. Sellin ist
dann auch auf die Pliniusstelle aufmerksam gemacht worden; die
Plutarchstelle cons. ad ux. 11 gehört aber in einen andern Zusammenhang.

[1] J. E. King *Classical Review* XVII 1903, 83 f.

[2] Ridgeway *Early Age of Greece* I 532.

[3] *The Jesuit Relations and Allied Documents*, Cleveland edition,
1896, X 287, nach Kings Angabe; mir unzugänglich.

[4] a. a. O. X 272. Weitere Belege ebendafür bei Tylor II 3.

[5] Miß Kingsley *Travels in Westafrika* 478. Die Banyanen sollen
auch Kinder unter 5 Jahren beerdigen, während sie sonst ihre Toten
verbrennen, und dafür jetzt als Grund angeben, daß die Kinder noch
keinen Gott kennten (*Beilage der M. Allg. Zeitung* 10. März 1903).

Seele zu einer neuen Geburt bringen kann, wird gerade durch den wesentlichen Punkt bewiesen, daß diese Kinderleichen beerdigt werden müssen, während alle anderen verbrannt werden. *Terra clauditur infans*: so mag wohl Iuvenal nicht so ganz zufällig den Satz gewendet haben.[1]

Hier dürfen wir aber nicht versäumen, uns zu erinnern, daß der Glaube, ein neugeborenes Kind sei in jedem Falle ein wiedergeborener früher Gestorbener und Begrabener, bei den wilden Völkern noch sehr mannigfach klar bezeugt ist. Nicht bloß kehren kürzlich verstorbene Kinder in bald nachher geborenen Kindern wieder, wie in Alt-Calabar, wo die Mutter, der ein Kind gestorben ist, in einem neugeborenen das abgeschiedene wiedergekommen glaubt.[2] Von den Eingeborenen am Niger-Delta wird erzählt, daß sie, wenn ein Kind geboren ist, ihm allerlei Sächelchen zeigen, die verstorbenen Gliedern der Familie gehörten. Wird es auf einen Gegenstand irgendwie besonders aufmerksam, so ist es dessen Besitzer, der wiedergekommen ist. „Es ist Onkel John, er erkennt seine Pfeife."[3] In Yoruba an der afrikanischen Westküste wird bei der Geburt eines Kindes zum Priester geschickt und bei der Lieblingsgottheit der Familie angefragt, welcher von den verstorbenen Vorfahren beabsichtige in dem Kinde zu wohnen, um ihm danach seinen Namen zu geben. Man begrüßt dort die Ankunft des Kindes mit Worten, die

---

[1] Nöldeke spricht mir die Möglichkeit aus, daß die Sitte der alten Araber, weibliche Neugeborene lebendig zu begraben, mit der Vorstellung von der Erde als Mutter zusammenhänge. „Zu Mohammeds Zeiten motivierten sie diese Scheußlichkeit (die er abgeschafft hat) mit der Armut. In jener Zeit hatten sie gar keine religiösen Vorstellungen mehr dabei; ursprünglich aber werden solche damit verbunden gewesen sein." Ich freue mich besonders, jetzt für *Mutter Erde und Verwandtes bei den Semiten* auf Nöldekes Aufsatz im *Archiv für Religionswissensch.* VIII 161 ff. hinweisen zu können.

[2] Tylor II 4.

[3] Miß Kingsley *Travels in Westafrika* 493.

bedeuten „Du bist angekommen".[1] Wir wissen von den verschiedenartigsten Veranstaltungen, die alle dazu dienen sollen, bei der Geburt eines Kindes zu erforschen, welcher der Vorfahren in ihm wieder erschienen sei: es werden Glasperlen aufgehängt und die Namen der Ahnen hergesagt; bei wessen Namen sie sich in besonderer Weise bewegen, der ist's[2]; oder Reiskörner werden ins Wasser gelegt und einzeln mit den Namen der Vorfahren benannt; an der besondern Bewegung des betreffenden Kornes erkennt man, daß dieser Vorfahr wiedererschienen ist. Bei den Maoris in Neuseeland zählt der Priester dem Kinde die Namen auf: bei wessen Namen es niest oder schreit, der ist in ihm wiedergeboren.[3] Bei nordamerikanischen Indianern wird z. B. ein Kind, das den Namen des Großvaters bekommt, zunächst mit derselben Ehrfurcht begrüßt, die jenem gebührte: es ist eben der Großvater. Und es gehört vielfach noch unter solchen Völkern zum Brauch, im Kinde den Großvater wiedergekommen zu sehen und ihm dessen Namen zu geben.[4] Noch ein Beispiel aber mag endlich zeigen, wie man sich eine direkte Übertragung der Seele des Sterbenden denken kann: bei den Takullis in Nordwestamerika überträgt der Medizinmann die Seele eines Sterbenden oder Toten, indem er ihm seine (des Medizinmannes) Hände auf die Brust legt und sie dann über den Kopf eines Verwandten hält und hindurchbläst. Das

---

[1] *Zeitschr. für Missionskunde und Religionswissenschaft*, herausgegeben von Arndt XV ·1900, 17. Von den Evheern im Togogebiet wird berichtet, daß sie bei der Geburt eines Kindes einen Fetischpriester rufen, der „den Namen eines Verstorbenen aus der Familie des Mannes oder der Frau offenbaren soll, der in der Person dieses eben geborenen Kindes wieder in die Welt eingeboren sei". Dem Kinde wird der Name des Verstorbenen beigelegt; nach C. Spieß *Mitteil. d. orient. Semin.* 1903, *Afrikan. Stud.* S. 56. (Den Hinweis danke ich C. H. Becker.) Ähnliches auch von D. Westermann bezeugt in dem Aufsatze *Über die Begriffe Seele, Geist, Schicksal bei dem Ewe- und Tschivolk, Archiv f. Religionswissensch.* VIII 110 ff.

[2] Andree *Ethnographische Parallelen* 171.

[3] Tylor II 4. [4] Andree a. a. O. ·171.

nächste Kind, das diesem geboren wird, hat die geschiedene Seele empfangen und erhält Rang und Namen des Verstorbenen.[1] Man muß in solchem Zusammenhange unmittelbar auf den Gedanken kommen, daß es vielfach einen gar tiefen Hintergrund in einst sehr konkreten Anschauungen vom Weiterleben der Ahnen haben mochte, wenn die Enkel nach alter Sitte so mancher Völker regulär den Namen des Großvaters trugen. * Name ist voreinst Seele und Wesen. Wie weit es freilich in solchen Vorstellungen die letzte Wurzel haben könnte, wenn in unserer Sprache noch das Wort „Enkel" tatsächlich nichts anderes heißt als der „kleine Großvater"[2], das würde ich nicht entfernt zu beurteilen wagen.[3]

3 Wir sind noch nicht weit genug vorgedrungen, um überhaupt solche Ausblicke tun zu können. Zunächst fügen wir noch einen dritten Brauch hinzu, den wiederum eine vereinzelte

---

[1] Waitz *Anthropologie der Naturvölker* III 195, vgl. 198, 213. Bastian *Zeitschrift für Völkerpsychologie* V 161 f.

[2] Kluge *Etymolog. Wörterbuch* s. v.

[3] Hier kann ich, obwohl auf Griechisches noch nicht eingegangen werden soll, nicht unausgesprochen lassen, daß ich die Deutung einer Vorschrift des alten Funeralgesetzes von Keos und des νόμος in der Makartatosrede des Demosthenes § 62, die King mitverwertet nach F. B. Jevons *Classical Review* IX 247 ff., nicht so ohne weiteres annehmen kann. In der Inschrift steht (Dittenberger ² Nr. 877, 24 ff.) . . ἐπὴν ἐξενιχϑεῖ, μὲ ἰέναι γυναῖκας πρὸς τὴν οἰκίην ἄλλας ἒ τὰς μιαινομένας. μιαίνεσϑαι δὲ μητέρα καὶ γυναῖκα καὶ ἀδελφεὰς καὶ ϑυγατέρας, πρὸς δὲ ταύταις μὲ πλέον πέντε γυναικῶν, παῖδας δὲ δύο, ϑυγατέρας ἀνεψιῶν, ἄλλον δὲ μηδένα. τοὺς μιαινομένους λουσαμένους περὶ πάντα τὸν χρῶτα κτλ. (die Ergänzungen sind unwesentlich). Soll hier wirklich durch Anführung von Bräuchen der Algonkinindianer u. dgl. wahrscheinlich werden, daß die Weiber, die man zuläßt, die Seele des Verstorbenen aufnehmen und wiedergebären sollen (zudem ἐπὴν ἐξενιχϑεῖ)? Nein, nur die nächsten Verwandten dürfen sich die einmal unvermeidliche Befleckung zuziehen. Auch bei Demosthenes ist keine Instanz, die eine andere Auffassung als diese auch nur nahelegte. In solchen Fällen halte ich die Auslegung durch Naturvölkerbräuche, die tatsächlich Fremdes hineinlegt, für schlechterdings unerlaubt, und ich lege Wert darauf, daß man den Unterschied solchen Verfahrens und des meinigen bemerke.

lateinische Überlieferung auch für die römische Welt bezeugt. In Versen des Lucilius, die Nonius (p. 430, 25 ff. Lindsay) anführt, heißt es:

*Symmachu' praeterea iam tum depostu' bubulcus
Exalans animam pulmonibus aeger agebat.*

Man hat bereits richtig erkannt, daß es sich hier und überhaupt in der üblichen Bezeichnung *depositus* für den dem Tode nahen Kranken um ein Legen des Sterbenden, nicht des Toten auf die Erde handelt.[1] Man hat auch bereits die Stelle des Servius (zu Aeneis XII 395) hinzugefügt, der von der Sitte berichtet, aufgegebene Kranke vor die Türe zu setzen, *ut extremum spiritum redderent terrae*. Je mehr Einleuchtendes nach allem, was wir schon an uns haben vorüberziehen lassen, eine solche Erklärung haben muß, um so leichteren Herzens können wir die zweite Erklärung bei Servius *vel ut possent a transeuntibus forte curari, qui aliquando simili laboraverant morbo* als eine unzeitige Erinnerung an eine in antiker Literatur mehrfach wiedergegebene, aber auch von Anfang an mißverstandene ethnographische Kuriosität (von Herodot I 197 an) unter den Tisch fallen lassen. Vor kurzem ist dann zu dem römischen *deponere* bereits die in verschiedenen Gegenden Deutschlands, in Ostpreußen, der Lausitz, der Oberpfalz, dem Vogtland, in Schlesien, in sächsischen Dörfern Siebenbürgens beobachtete Sitte in Parallele gesetzt worden, den Kranken, wenn der Tod herankommt, aus dem Bette zu heben und auf die Erde zu legen.[2] Sie war schon früher zur Erklärung des entsprechenden

---

[1] Mau bei Pauly-Wissowa *Realencyclopädie* III 1, 347.

[2] Samter *Festschrift für Otto Hirschfeld* 249 ff. Dort die näheren Belege, auch das bedeutsame Zeugnis aus dem 11. Jahrhundert: Bischof Benno von Osnabrück wird todkrank auf die Erde gelegt und stirbt so. Seit der ersten Veröffentlichung dieses Kapitels hat Samter den Gegenstand nochmals trefflich behandelt in den *Neuen Jahrbüchern* 1905, 34 ff. Ich verweise ganz besonders auf diese Darlegungen. — A. Körte macht mich darauf aufmerksam, daß auch Franz von Assisi, der vielfach dem Glauben des Volkes nahe stand, sich sterbend auf die Erde legen ließ (Sabatier *François d'Assise* 396).

indischen Brauches verwendet[1] und es war aufmerksam gemacht auf einen Bericht von irischer Sitte *when the dying man seems to suffer great agony, it is thought to be due to the presence of chicken feathers in his bed and his friends will sometimes lift him up and place him upon the floor to relieve him.*[2] Hier ist die Begründung des Brauches später, als man ihn nicht mehr verstand, gerade so gewiß falsch angegeben, wie wenn es heißt, daß dem Tscheremissen und dem Wostjaken beim Eintritt des Todeskampfes der Federpfühl weggerissen und ihm nur Stroh untergelegt werde, weil das Wegwerfen eines Federpfühls zu kostspielig sei.[3]

Mit Recht ist aber auch schon kürzlich, indem z. B. der thüringische Brauch beachtet ward, daß nicht der Sterbende auf die Erde gelegt, sondern auf ihn etwas Erde gelegt wurde[4], die Folgerung gezogen, daß das Wesentliche nicht etwa die Veränderung der Lage des Sterbenden sei, sondern die Verbindung, in die man ihn mit der Erde setzte.[5] „Es liegt dabei jedenfalls die Vorstellung von einem Aufenthalte der Toten unter der Erde zugrunde. Damit die Seele ohne Aufenthalt in das Totenreich unter der Erde eingehen kann, muß der Mensch auf der Erde sterben, oder er wird wenigstens symbolisch, wie in Thüringen, mit der Erde in Verbindung gebracht."

Man überblicke die Bräuche, die wir zusammengestellt haben: aus der Erde kommt die Menschenseele, in die Erde kehrt sie zurück und die Erde gebiert sie wieder zur neuen menschlichen Geburt.[6] So wird es uns nun nicht die mindeste

---

[1] Caland im *Museum*, Leiden, X, 1902, Nr. 2, p. 34.

[2] Mooney *Funeral customs of Ireland* (*Proc. Am. Philos. Soc.* XXV, p. 226).

[3] S. K. Kusnezow *Über den Glauben vom Jenseits und den Todtenkultus der Tscheremissen*, Internat. Archiv f. Ethnographie IX 157.

[4] Wuttke *D. Volksaberglaube*³ § 724.

[5] Samter a.a.O. 251. Von ihm sind auch die oben direkt angeführten Worte.

[6] Ich will wenigstens in einer Anmerkung nicht unausgesprochen lassen, daß aus der oben erörterten Vorstellung primitiver Menschen es möglicherweise verständlich werden könnte, warum so vielfach die

Schwierigkeit mehr machen, einige Bräuche zu verstehen, nach denen man einen Kranken „begräbt", um ihn gesund wieder aus der Erde zu holen. Kristoffer Nyrop[1] gibt an, daß ein Mann im Vendryssel gegen Hexerei die Kur brauchte, eine Nacht in einem offenen Grabe auf dem Kirchhof zu liegen. In vollständigerer Form werde dieser Brauch aus Salling berichtet, wo ein Mann seine Tochter, die Hexenkünste gelernt hatte,

* Menschenleichen in Hockerstellung beerdigt wurden. Daß es die Stellung des Embryo sei, ist bereits vielfach ausgesprochen worden — wenn ich mich recht erinnere, zuerst von Virchow —, aber ohne die leiseste Möglichkeit der Erklärung, warum man den zu Beerdigenden solche Stellung gab. Es braucht ja auch hier nicht aus einem einzigen Grunde und einer einzigen Vorstellung der so weit und mannigfaltig verbreitete Brauch erklärt zu werden; daß weder Raumersparnis der alleinige Grund ist noch Zusammenknebelung der Toten, auf daß sie nicht sich bewegen und wiederkommen könnten (vgl. Schötensack *Verhandlungen der Berl. anthropol. Gesellschaft* 1903, 522), läßt sich leicht nachweisen. (Für Griechisches würde der Hinweis auf die Glaukos-Polyeidosvase des Sotades genügen: Glaukos ist im Grabe in der unverkennbaren Hockerstellung „mit ungewöhnlich scharf an die Brust gezogenen Knien", ohne die geringste Spur von Fesselung, Abbildung *Archäol. epigraph. Mitteil.*
* *aus Österr.* XVII 2, S. 119.) Und daß bloß der Wunsch, die charakteristische Stellung des Schlafenden, Ruhenden darzustellen, zu diesem mächtigen und zähen Brauche geführt haben sollte, ist mir höchst unwahrscheinlich. Man muß sich aber hüten, irgend etwas Reflektiertes darin zu sehen, sondern unmittelbar notwendige Anschauung: man mußte dem zu Bestattenden die Form geben, die er bei seiner Geburt hatte, damit ihn die Mutter Erde wiedergebäre. Es wäre um so begreiflicher, daß man vielfach nur noch die kleinen Kinder zur Wiedergeburt beerdigt, wenn man der Erde das Neugebären der Großen nicht mehr zutraut oder zumutet. Werden doch an manchen Fundstätten nur noch Kinder in hockender Stellung begraben vorgefunden. Wie dem allem sei, ein Gegengrund wäre keinesfalls, daß den Wilden die anatomische Kenntnis des Embryo gefehlt habe: wie ungefähr das Kind im Mutterleibe lag, hatten sie schon tausend Unglücksfälle und Grausamkeiten gelehrt. — Während der Korrektur lerne ich kennen, was Milani in den *Studi e Materiali di Archeologia e Numismatica* III S. 44ff. über den *carattere embrionale* gewisser *idoli* „*asessuali*" ausführt. Dadurch wird die Sache jedenfalls nicht klarer.

[1] *Kludetræt* (= Lappenbaum) *Dania* I 26 ff. Ich verdanke den Hinweis und die Übersetzung der Stellen meinem Kollegen B. Kahle.

zu kurieren wünschte. Um das Böse zu bezwingen, gab der Pfarrer den Rat, „daß man ein Grab graben sollte, in das * das Mädchen niedergesetzt werden sollte, und man sollte Erde darauf werfen, außerdem sollte man über sie pflügen, säen und eggen, und wenn sie wieder aufgenommen würde, sollte es ihr geholfen haben". Das gleiche findet sich in einem alten Zauberbuch aus dem vorigen Jahrhundert[1]: „Rat für einen, der verhext ist, so daß nichts anderes helfen kann: lege ihn in die Erde und pflüge und säe über ihn, nimm ihn dann wieder auf." Auch Nyrop kann diesen Bräuchen keine andere Deutung geben als die, daß so symbolisch ausgedrückt werde, daß man zu unserer gemeinsamen Mutter Schoß zurückkehre, indem man in die Erde begraben und diese über einen zugesät werde, worauf man von der Erde auferstehe, d. h. zu einem neuen Leben wiedergeboren werde.[2]

Die Betrachtung so mannigfacher Bräuche der verschiedensten Völker, auf die uns die drei römischen einzelstehenden Überlieferungen führten, haben uns bereits mancherlei über ursprüngliches Denken, über einige seiner Grundformen lehren können, die bei so vielen Völkern so ähnlich wiederkehren. In all dem, was ich anführte, ist, so war meine Absicht, bereits streng ausgeschieden gewesen, was nicht in den Gedankenkreis, in dem wir stehen, irgendwie gehören muß. In dem Verständnis solcher Bräuche ist es natürlich das wesentlichste, ohne irgendeine auch nur leise Umbiegung des Gegebenen behutsam nachfühlend zu erkennen, welcher

---

[1] Kristensen *Jyske folkeminder* VIII 261.

[2] Ich lege absichtlich alle Bräuche beiseite, deren Auffassung in diesem Falle meines Erachtens zweifelhaft sein kann. Den verbreiteten Heilbrauch des Durchziehens (auch wenn es durch Erdgruben oder Erdstücke geschieht) würde ich nur in wenigen Fällen als einen Akt magischer Wiedergeburt verstehen können. Auch hier kann nicht ein ganzer Komplex von Bräuchen aus einem Punkte erklärt werden: unentwirrbar knüpfen sich ineinander die verschiedensten Fäden alten Glaubens.

religiöse Glaube der uns so fernen Zeiten und Menschen diese schließlich petrefakt gewordenen Riten geformt hat. Nur durch lange Arbeit an den alten Überlieferungen und fortwährenden Umgang mit dem religiösen Denken vergangener Zeiten und ursprünglich empfindender Menschen kann ganz allmählich die Fähigkeit erworben werden, wieder einigermaßen richtig zu erkennen, was in den wenigen uns erhaltenen Resten ältester Volksreligion an religiösen primitiven Gedanken beschlossen liegt. Niemand kann von sich sagen, daß er solche Fähigkeit erworben habe: aber ob aus gegebenen Materialien von Analogien, ohne die unendliche Fülle der Motive und Wege der religiösen Gedanken in enge Formeln zu zwängen oder sie zu voraus gesetztem Ziel abzubiegen und umzubrechen, richtige einleuchtende Folgerungen gezogen werden, wird unbefangene Prüfung leicht unmittelbar beurteilen. Es handelte sich in unserem Falle ohne Zweifel bisher um Bräuche, die in wesentlichen Formen nicht etwa auf einige Völker oder Stämme, etwa auf Indogermanen, beschränkt wären. Hier ist einer der Fälle, da sicher voneinander ganz unabhängige Völker in übereinstimmenden religiösen Riten ein übereinstimmendes religiöses Denken bekunden. Die Übereinstimmung kann weder durch Urverwandtschaft einer bestimmten Gruppe von Völkern erklärt werden, noch durch Übertragung von einem Volke zum anderen. Und es liegt auf der Hand, daß derjenige, der eine dem primitiven Menschen — es hat immer seine Bedenken, „allen" Menschen zu sagen, weil das ja natürlich tatsächlich nie bewiesen werden kann — gemeinsame Form des Denkens aufweisen will, ebendiese bei Völkern zeigen muß, die gerade gar keine geschichtliche Beziehung miteinander haben können. Ein solches Verfahren stößt allerdings um so mehr auf vielfach jeder Belehrung unzugängliche Abneigung, als in der Sprachwissenschaft und aller Wissenschaft, die sich mit Entwickelung der Kultur beschäftigt, zunächst die Gruppen der zusammengehörenden Völker eingehalten werden und dort nur so ein geordneter Fortgang der Erkenntnis erreicht werden kann. Aber ich sage mit Oldenberg[1]: „Wir wollen bescheiden darüber denken, ob es uns gelingt, den richtigen Weg zu gehen, aber sehr unbescheiden darüber, ob der Weg der richtige ist."

Wir haben erkannt, daß bei vielen Völkern, die keinen geschichtlichen Zusammenhang haben können, die Erde als die Mutter der Menschen gilt, aus der die Menschenkinder kommen zur irdischen Geburt, daß ebenfalls ohne geschichtlichen Zusammenhang an verschiedenen Punkten der Erde die Sitte vorhanden ist, kleine Kinder, die vor einem gewissen Alter gestorben sind, der Erde wiederzugeben, auch wenn sonst Verbrennung der Toten üblich ist —, nachweisbar wird ihre baldige Wiedergeburt eben nur aus dem Schoß der Erde erwartet. Eine Erklärung, warum gerade bei Kindern diese Wiedergeburt aus der Erde weiter geglaubt und rituell erstrebt wird, auch bei Völkern, die keineswegs im übrigen den Glauben an das Weiterleben der Seelen der Menschen und deren mögliche Wiederkehr aufgegeben haben, war nicht aus den Tatsachen abzunehmen. Endlich aber zeigte sich, wieder ohne einen möglichen historischen Zusammenhang der einzelnen Riten, der Glaube weit verbreitet, daß die Seele[2] des sterbenden Menschen zur Erde zurückgeht, und es fehlt ja auch sonst nicht an sicheren Spuren, daß die Seele alsbald in andere Menschen eingeht, von denen aus sie zu neuer irdischer Geburt gefördert wird. Daß gerade, wo es sich um Geburt und Sterben handelt, um Beginn und Aufhören eines Lebens, um die größten Rätsel jeglichen Menschenseins, daß hier sich bei den verschiedensten Menschengruppen gleiche Lösungen ein-

---

[1] *Vedaforschung* 1905 S. 89.

[2] Ich muß es wenigstens einmal aussprechen, daß natürlich der Ausdruck Seele immer nur der Einfachheit wegen gebraucht wird, wo man namentlich bei „Naturvölkern" je nachdem ganz anders reden müßte. Aber es unterliegt ja keinem Mißverständnis, was gemeint ist.

stellen, ist von vornherein wohl begreiflich. Und wenn irgendwo davon geredet werden kann, daß unter gleichen Bedingungen auch gleiches Resultat im religiösen Denken zu beobachten sei, so liegt es hier so, daß die Bedingungen menschlicher Denkfunktionen, soweit sie allen gleich gegeben sind, hier vor dem absolut gleichen Problem zu einigen gleichen Lösungen führen mußten. Und es ist nicht bloß diese Lösung, die wir formulieren können: die Erde ist die Mutter aller Menschen, aus der sie hervorkommen und in die sie zurückgehen, um aus diesem Mutterschoß wieder neu zu weiterem Leben geboren zu werden. Wir begreifen, daß das ursprüngliche Denken sich eine Entstehung eines vorher nicht Vorhandenen, die für dies eben ein Entstehen aus dem Nichts wäre, nicht vorstellen kann. Wie alle Geschehnisse um den primitiven Menschen herum für ihn nur eine zusammenhangslose Fülle von Wundern, ich möchte sagen von magischen Akten, ist, die er ganz allmählich durch die kindlichsten Fehlschlüsse in Kausalitätszusammenhänge zu bringen sucht — nur nebenbei mag man erwägen, wie lange es vielfach gedauert haben mag, bis man den Zusammenhang von Zeugung und Geburt richtig erkannt hatte[1] —, so ist die Zeugung und Geburt ein Wunder,

---

[1] Als ich diesen Satz schrieb, hätte ich nicht für möglich gehalten, daß es noch heute Stämme gibt, die diesen Zusammenhang nicht kennen. Ich verweise auf den im *Archiv für Religionswissensch.* VIII, 1905, Heft 3/4 erscheinenden Bericht über Australien von W. Foy in Köln. Ich hebe einen Satz heraus: *Die Mutterschaft hat in Übereinstimmung mit dem zentralaustralischen Glauben im ganzen Nordosten nichts mit geschlechtlichem Umgange zu tun; dieser Zusammenhang wird stellenweise höchstens für die Tiere anerkannt. Die menschlichen Embryonen werden von einem höhern Wesen fertig in den Mutterleib eingeführt. Bei den Eingeborenen vom Pennefather-Fluß ist es Anje-a, der, selbst vom Donnergotte geschaffen, die Embryonen aus Schlamm bildet. Dabei fügt er etwas Nachgeburt . . . und gibt damit dem Kinde die Seele (cho-i). Die Möglichkeit, diese bestimmte Nachgeburt zur Verfügung zu haben, ist dadurch begründet, daß er alle Nachgeburten an seinen gewohnten und bekannten Aufenthaltsorten zusammenträgt und sie dort in der Höhlung eines Felsens, einem Baum oder einer Lagune aufhebt, bis er sie braucht.*

ein magischer Akt, der eben wie durch Zauber etwas zur Erscheinung bringt, was vorher wo anders war. Was neu entsteht, kommt irgendwoher, ist vorher irgendwo anders gewesen. Jede Neuentstehung ist nur als eine lokale Übertragung zu erfassen, als eine Metathese oder eine Metamorphose. Insofern ist nach solchem Denken das Leben, die „Seele" präexistent und die „Seelenwanderung" ist eine Anschauungsform ursprünglichen Denkens. Wie die Seele aus der Erde kommt, zur Erde geht, um von da neu zur Geburt auszugehen und so immer weiter, das ist der Kreislauf der Geburten — ich kann die griechische Bezeichnung κύκλος γενέσεων doch schon hier nicht unterdrücken —, der tatsächlich dem primitiven Denken angehört. Ich meine, das ist eine wesentliche Erkenntnis. Und davon braucht ja hier nicht ausführlicher die Rede zu sein, wie nahe es dem Menschen liegt, Zeugung und Geburt unmittelbar zu sehen in dem Bilde des Säens in die Erde und des Hervorbrechens der Pflanze. Wie die Parallelität dieser Vorgänge des Erdlebens und des Menschenlebens als Identität erscheint und wiederum unmittelbar in ursprünglichem Denken zur Kausalität wird, kann erst die weitere Untersuchung klar werden lassen.[1] Dies ist schon jetzt deutlich: hier liegt eine zweite Bedingung, die über die ganze Erde dem Menschen, der vor dem Wunder der Geburt steht, gleich gegeben ist, die zu gleichem Resultat seiner Anschauung führt. Neues Leben sah der Mensch allüberall hervorbrechen, wo Samen einging: aus der Erde. Nicht im mindesten hat hier irgendwelche Reflexion statt oder bewußt bildliche Rede; sondern es ist die einzige Form menschlichen Denkens, das Eine unter

---

[1] Die vielfachen „magischen" Riten, die durch menschlichen Zeugungsakt oder dessen Abbild die Erde fruchtbar machen oder durch mimische Darstellung der Befruchtung der Erde menschliche Geburt oder Neugeburt bewirken wollen, werden erst im VI. Abschnitt besprochen werden. Sie können vielleicht erst das eigentliche Verständnis des ursprünglichen Denkens von der „Mutter Erde" eröffnen.

dem Bilde des Anderen zu erfassen, wie es in der Sprache auch gerade in diesem Falle sich mannigfach festgelegt hat. Ich brauche nicht zu sagen, daß der Mensch keineswegs, um diese unmittelbare Analogie zu sehen, schon irgendwelchen Ackerbau kennen gelernt haben mußte, den er freilich in gewisser Form weit früher kannte, als man gemeinhin sich vorzustellen pflegt.

Wie stufenweise im menschlichen Denken das Unbekannte unter dem Bilde des Bekannten sinnlich erfaßt wird, läßt sich leicht weiterhin darlegen an den Bräuchen, die sich um die Geburt des Menschen entwickelt haben. So sehen wir bei der Namengebung nicht nur, was oben erwähnt wurde, daß mit dem Namen die Seele des Vorfahren oft erst eigentlich in das Kind einzieht; der Name ist erst sein geistiges Wesen.[1] Ein stummes Kind bekommt keinen Namen, der Name ist, in unserer Sprache zu reden, die „Seele" des Kindes. Kranke wechseln den Namen, damit der Tod nicht an ihr Leben kann. Wer den Namen weiß, hat Leben und Seele des so Benannten in seiner Gewalt. In Brasilien muß der Vater bei der Geburt jedes Kindes einen neuen Namen annehmen; seine bisherige „Seele" ist nun die des Kindes. Wir erwähnten die verbreitete Sitte, daß das Kind den Namen des Großvaters bekommt. Das Entstehen geistigen Wesens ist ursprünglichem Denken unfaßbar: es wird als eine neue leibliche Geburt aufgefaßt. So glaubt unser Volk nicht nur an eine Wiedergeburt bei der Taufe im wirklichen Sinne, sondern es hält den Paten für den, der wirklich dem Kinde, wie ein leiblicher Erzeuger, „geistige" Eigenschaften vererbt. Die leibliche Geburt ist eine Metathese aus der Mutter Erde, die geistige Entwickelung, ein

---

[1] Einiges Wesentliche habe ich in meiner *Mithrasliturgie* 111 f. dargelegt, und von anderen ist der „Name" mehrfach in letzter Zeit behandelt worden. Ich habe nicht die Absicht, jetzt darauf zurückzukommen. Aber gerade hier möchte ich noch besonders auf die Zusammenstellungen Jiriczeks in den *Mitteil. der Schles. Ges. f. Volkskunde* I 30 ff. hinweisen.

Erwachen und Wachsen der Seele (meist scheint es den Naturmenschen mit dem Anfang des Sprechens einzutreten[1]), ist wiederum eine leibliche Geburt, eine Wiedergeburt. So muß Schritt für Schritt das Erkannte das Bild für das zu Erkennende abgeben. An aller der Vorstellungen aber, zu denen wir vordringen, äußerstem Anfang steht die Mutter Erde. Hier müssen letzte Wurzeln religiösen Denkens verborgen sein.

[1] Merkwürdigerweise wird gerade bei den Römern diese „neue" Geburt auch wieder mit der Erde in Zusammenhang gebracht. Lydus de mens. 132,11 W: οὐδὲ γάρ, φησι, πρότερον βρέφος φθέγξαιτο, πρὶν ἂν τῆς γῆς ἐφάψαιτο (Gewährsmann Numenios). Macrob. sat. I 12,20 *Mercurium ideo illi* (terrae) *in sacris adiungi dicunt, quia vox nascenti homini terrae contactu datur.* Vgl über die Quelle dieser Notizen Th. Litt *De Verrii Flacci et Cornelii Labeonis fastorum libris*, Diss. Bonn. 1904 p. 29. Ich verdanke R. Wünsch diese Hinweise.

II

Mit dem, was uns diese Prolegomena durch die Analogien weit verbreiteten Volksbrauches und Volksglaubens bereits gelehrt haben, ausgerüstet, treten wir in die griechische Welt. Es soll nun von keinerlei kulturlosen Völkern und von keinerlei deutschem Aberglauben mehr die Rede sein; der aufmerksame Leser wird beurteilen können, wieweit die bisherigen Betrachtungen zum besseren Verständnis vereinzelter griechischer Zeugnisse von Nutzen sind, ohne daß ihrer einfachen Interpretation das geringste Fremdartige hinzugetan werden soll.

Bei Homer freilich dürfen wir nicht beginnen. Wir können von vornherein wissen, daß diese dem Volksglauben und Volksbrauch bewußt abgewandte, in eine damals wunderbare Höhe freier Aufklärung gehobene Ritterpoesie schwerlich Zeugnis von einer Volksreligion der Mutter Erde geben wird. Wohl erkennen wir deutlich aus einem in gleicher Formel wiederkehrenden Eide, daß da eine starke Unterwelt der Religion in die höhere Sphäre hineinragt: die Ge spielt dort ihre gewaltige Rolle.[1] Wo ein fester Opferbrauch beim Eide erwähnt wird, da wird der Erde neben der Sonne geopfert.[2]

Anders die hesiodische Poesie: den Kulten der böotischen Bauern konnte ja die Verehrung der fruchtspendenden Erde so wenig fern sein, wie die des zeugenden Eros. Und doch tritt sie auch da nur lebendig hervor in den genealogischen Reihen der Götter- und Weltentstehung: nach dem Chaos ward die Erde, sie erzeugt den Himmel, der ihr gleich ist und sie ganz bedeckt, dann die Berge und das Meer.[3] Uranos und Gaia sind weiterhin das große Götterpaar, von dem alle anderen

---

[1] *Il.* III 276 f. XIX 258 f.   [2] *Il.* III 104.   [3] *Theog.* 127 f.

Götter stammen, οἳ *Γῆς ἐξεγένοντο καὶ Οὐρανοῦ ἀστερόεντος*.[1] Die Mächte, die in solchen Genealogien an den Anfang gestellt sind, haben eine ganz bedeutende Geltung in der wirklichen Religion gehabt, sind aber für den damals mächtigen Kult bereits in den Hintergrund gedrängt von anderen Göttern, den späteren und letzten der Genealogie. So bewahrt sich gerade in den Anfangsreihen der Göttergeschlechter außer den blassen Hilfsspekulationen der Genealogen echte Volksreligion. Auch das Weltei wird ihr angehören. Eine Erscheinung, die uns noch mehrfach begegnen wird, tritt uns schon hier vor Augen, wenn wir an die Nachfolge der hesiodischen Genealogien denken: Volksreligion lebt in der Mystik weiter. Dort hat in den Theogonien und Kosmogonien die Mutter Erde stets eine besondere Stellung behalten.

Über homerische und hesiodische Poesie mußte gleich ein Wort gesagt sein. Aber wir wollen nicht weiter zu Anfang einzelne Spuren, die schwer zu erkennen sind, verfolgen und nicht den Zeugnissen ältester Erdkulte etwa in Olympia, Delphi, Dodona nachgehen. Wir müssen doch erst einmal wissen, welche Anschauungen von einer Mutter Erde im griechischen Glauben vorhanden waren. „Volksreligion" nicht bloß an ganz zufälligen Zeugnissen zu fassen, können wir nur in Athen hoffen. Dort gilt es sich umzusehen. Und sobald wir in die Reste des ältesten attischen Dichters blicken, treffen wir auf die wunderbar persönlich göttlich geschaute schwarze Mutter Erde, der sie die ὅροι, die Schuldsteine, in den Leib gestoßen haben: Solon hat sie weggenommen, und der befreiten Erde gilt die *θυσία σεισάχθεια*.[2] Die *μήτηρ μεγίστη δαιμόνων Ὀλυμπίων, Γῆ μέλαινα* soll für Solons Werk als Zeugin auftreten vor dem Richterstuhl des

---

[1] *Theog.* 106, vgl. 154 u. s.

[2] Plutarch *Solon* c. 16. σεισάχθεια kann selbstverständlich ursprünglich nur von der Erde gemeint sein, wie es auch immer die Athener selbst nachher mögen verstanden haben.

Χρόνος.[1] Aber am unmittelbarsten kommt doch bei dem ersten großen Tragiker Athens zum Ausdruck, was attische Volksreligion von der Mutter Erde glaubt. In den Choephoren betet Elektra zu den Mächten der Tiefe, insbesondere zur Erde (v. 128 f.):

καὶ Γαῖαν αὐτήν, ἣ τὰ πάντα τίκτεται
θρέψασά τ' αὖθις τῶνδε κῦμα λαμβάνει.

Man muß jedes griechische Wort beachten, vor allem κῦμα = κύημα, das den Keim, die Frucht im Mutterleibe bezeichnet; die Erde gebiert alles und nimmt von allem wieder den Keim zu neuer Geburt; das ist deutlich gesagt. Darauf gießt Elektra die Spende und ruft den Vater. Am Schlusse des Gebetes stehen diese Worte (148 ff.):

ἡμῖν δὲ πομπὸς ἴσθι τῶν ἐσθλῶν ἄνω
σὺν θεοῖσι καὶ Γῇ καὶ Δίκῃ νικηφόρῳ.
τοιαῖσδ' ἐπ' εὐχαῖς τάσδ' ἐπισπένδω χοάς.

In den Schutzflehenden tönt uns das wiederholte Gebet des Chores (890 ff., 899 ff.)

μᾶ Γᾶ, μᾶ Γᾶ, βόαν
φοβερὸν ἀπότρεπε,
ὦ βᾶ, Γᾶς παῖ, Ζεῦ

entgegen wie ein Klang aus geheimnisvoller Tiefe einer Religion, die nicht mehr im Lichte des Tages den herrschenden Ton angibt. Es sind Worte der primitiven Sprache, „Lallformen" für „Mutter" und „Vater", wie man mit Recht erklärt hat[2]: es sind auch Lallformen primitiver Religion. Sie erfindet kein Dichter: das attische Volk kannte solch Gebet. In den Sieben gegen Theben, namentlich im Anfang, tritt die Anschauung gerade von der Menschenmutter Erde durchaus unmittelbar und selbstverständlich immer wieder hervor. Alle sollen helfen

---

[1] Aristoteles Ἀθην. πολιτ. c. 12.
[2] P. Kretschmer *Wiener Studien* XXIV 1902, 525.

der Stadt und den heimischen Götteraltären, daß die Ehre nicht ausgetilgt werde (v. 16ff.):

> τέκνοις τε Γῆ τε μητρί, φιλτάτῃ τροφῷ.
> ἡ γὰρ νέους ἕρποντας εὐμενεῖ πέδῳ,
> ἅπαντα πανδοκοῦσα παιδείας ὄτλον,
> ἐθρέψατ᾽ οἰκητῆρας ἀσπιδηφόρους,
> πιστοί ποθ᾽ ὡς γένοισθε πρὸς χρέος τόδε.

Eigentlicher kann die Γῆ κουροτρόφος kaum geschaut werden. Und weiterhin betet Eteokles (v. 69f.):

> ὦ Ζεῦ τε καὶ Γῆ καὶ πολισσοῦχοι θεοί
> Ἀρά τ᾽ Ἐρινὺς πατρὸς ἡ μεγασθενής —

da ist sie noch neben dem großen Himmelsgott und den Göttern der Stadt —; daß die Erde frei sei, nicht vom Joch der Knechtschaft gebeugt (v. 74f.), ist die Hauptsache des Gebetes und des Kampfes. Es ist die Heimaterde, die sie geboren, die ihre Stadt trägt, die ihre Söhne genährt bis dahin: Γῆ μήτηρ κουροτρόφος. Und doch nannte die griechische Sprache, wer weiß wie lange schon, das Heimatland im Gegensatz zum fremden, das Land, nach dem sich der Hellene nennt und für das er kämpft, das Vaterland πατρὶς γαῖα, * ebenso wie der Römer *patria* sagte. Vielleicht erschließt sich im Laufe unserer Betrachtung noch besseres Verständnis dieser denkwürdigen Tatsache.

Einen besonders tiefen Blick in freilich wohl verklärte attische Volksreligion lassen uns des Aischylos Eumeniden tun, vor allem deren Schlußpartien. Die „Heiligen", die unter dem Felsen des Blutgerichtshügels in der Tiefe hausen, ursprünglich die rächenden Seelen selber, sie wandeln sich in die segnenden Erdgeister, die Fruchtbarkeit des Ackers und Segen der Ehe geben. Ihnen wird nun geopfert πρὸ παίδων καὶ γαμηλίου τέλους (v. 835); nun verheißt Athena (v. 907ff.):

> καρπόν τε γαίας καὶ βροτῶν ἐπίρρυτον
> ἀστοῖσιν εὐθενοῦντα μὴ κάμνειν χρόνῳ·
> καὶ τῶν βροτείων σπερμάτων σωτηρία ..

In den Segensgesängen der Eumeniden selbst tritt die Parallelität der Fruchtbarkeit der Fluren und der Menschen aufs deutlichste hervor (bes. v. 938 ff., 956 ff.), und wie die Seelen der Toten nicht selten in griechischem Glauben[1] sind hier diese einstigen Rachegeister zu den Segensgeistern der mütterlichen Erde geworden.[2]

Die Allmutter Erde (παμμήτωρ γῆ) wird einmal im Prometheus (v. 88) angerufen unter all den Mächten der Natur ringsum, die das Leiden des Gefesselten schauen. Aber ein aus den Danaiden erhaltenes Fragment (44 N[2]) zeigt uns auch bei Aischylos die ganz unmittelbare Anschauung, wie sie lebendiger gar nicht in Worte gefaßt werden kann, von dem zeugenden Himmel und der alles empfangenden und gebärenden Erde. Aphrodite selber spricht:

> ἐρᾷ μὲν ἁγνὸς οὐρανὸς τρῶσαι χθόνα,
> ἔρως δὲ γαῖαν λαμβάνει γάμου τυχεῖν.
> ὄμβρος δ'ἀπ' εὐνάοντος οὐρανοῦ πεσὼν
> ἔκυσε γαῖαν· ἡ δὲ τίκτεται βροτοῖς
> μήλων τε βοσκὰς καὶ βίον δημήτριον,
> δένδρων τις ὥρα δ'ἐκ νοτίζοντος γάμου
> τέλειός ἐστι· τῶν δ'ἐγὼ παραίτιος.

Des Himmels Naß macht die Erde schwanger. Die Eigentlichkeit der Wendungen τρῶσαι χθόνα, ὄμβρος ἔκυσε γαῖαν, νοτίζων γάμος[3]

---

[1] Daß die χθόνιοι den Lebenden den Anbau des Ackers und die Zucht der Feldfrüchte segnen (s. bes. Rohde *Psyche* I[3] 205), wird durch meine gesamte Darlegung, hoffe ich, begreiflich werden. Die „allegorisierende" Parallele zwischen Seele und Samenkorn, die immer wieder alle Unklarheit der Erkenntnis zudecken mußte, ist nun ohne Allegorie zu verstehen: und es ist auch zu verstehen, daß man ohne diese Parallele niemals auskommen konnte.

[2] s. Rohde vor allem *Kleine Schriften* II 244 (229 ff.), auch *Psyche* I[3] 247 m. Anm., v. Wilamowitz in der Einleitung zu der Übersetzung der Eumeniden, bes. 225 ff. Das ursprüngliche Wesen der Erinys, wie es Rohde dargelegt hat, scheint mir gegen jeden Zweifel gesichert zu sein.

[3] Gerade diese sind alle drei bei Nauck durch Änderung verdorben und verfälscht (τρῶσαι nur in der Anmerkung, die anderen im Text).

zeigt die urwüchsige Kraft dieses Volksglaubens. Das ist Volksreligion.¹

Es ist sehr bezeichnend, daß bei Sophokles von dergleichen Vorstellungen nichts zu finden ist. Auch sonst pflegt das in analogen Fällen bei ihm ebenso oder ähnlich zu sein. Er ist viel zu sehr von priesterlicher Bildung getragen, um verborgeneren Volksglauben aufzusuchen, viel zu sehr den großen herrschenden Kulten und Gottheiten seiner Stadt hingegeben, um mystischen Lehren und Stimmungen geneigt zu sein, in beidem von Aischylos so verschieden wie von Euripides. Sophokles spricht einmal von der Erde, der Mutter auch des Zeus (Philokt. 391), aber da ist ersichtlich die asiatische Bergmutter und zugleich die kretische Rhea gemeint, die ja eben Mutter des Zeus war. Bei Euripides tritt wieder des öfteren hervor, was wir bei Aischylos kennen lernten. ἅπαντα τίκτει

---

¹ Merkwürdig ähnlich sind die Gedanken, die einer unendlich entfernten Sphäre angehören. Mein Kollege v. Waldberg macht mich auf sie aufmerksam. Simon Dach hat gedichtet *(Gedichte des Königsberger Dichterkreises* herausg. von L. H. Fischer I S. 19 f. in den *Neudrucken deutscher Literaturwerke des XVI. und XVII. Jahrh.)*:

> Sol sich der Mensch, die kleine Welt,
> Jetzt nicht auff süße Heyraht lencken?
> Muß doch das prächtige Gezelt
> Der großen nur an Liebe dencken.
> Die Erd' ist sauber und beleckt
> Durch den gewünschten Schein der Sonnen,
> Ist jhres Winterfells entdeckt
> Vnd wird vom Himmel lieb gewonnen.
> Der sich herab in ihren Schoß
> Durch einen warmen Regen machet
> Vnd schwängert ihren dürren Kloß,
> Daß alles fröhlich sieht und lachet usw.

Daß Antikes nachgeahmt ist, wird sicher sein. Es wäre nicht unmöglich, daß das Aischylosfragment, das bei Athenaios steht, mitgewirkt hätte. Vielleicht ist Lukrez der Vermittler des Hauptgedankens (s. u. S. 67), bei dem auch der Mikrokosmus nicht weit davon stand. Über antike Einflüsse auf diese Dichter s. v. Waldberg *Deutsche Renaissancelyrik* 147 ff., 151 u. s.

χθὼν πάλιν τε λαμβάνει, sagt er (fr. 195 N²), ein Wort, das mannigfach in der antiken Literatur weitergegeben ist.[1] Ein berühmtes Fragment seines Chrysippos beschreibt zum Teil ganz ebenso wie das oben zitierte aischyleische die Umarmung des Aither, wie Euripides statt οὐρανός sagt (aber οὐράνιον πόλον im 11. Vers), und der Erde, die eben, weil sie, aus den Tropfen von oben empfangend, die Sterblichen gebiert (wie ausdrücklich gesagt wird), die Pflanzen und Tiere, für die μήτηρ πάντων gehalten wird.[2] Ja, in der Melanippe wird sogar ein μῦθος von der weisen Heldin des Stückes selber erzählt, den sie von ihrer Mutter habe: Himmel und Erde seien einst zusammen ein Gebilde (μορφὴ μία) gewesen; als sie voneinander getrennt waren, gebaren sie alles und brachten es ans Licht, Bäume, Vögel, Tiere des Landes und des Meeres und das Geschlecht des Menschen.[3] Ich kann in diesen Anschauungen jetzt nichts anderes sehen als echte Volksreligion, insonderheit attische Volksreligion. Und auch der Glaube, der gerade bei Euripides, aber auch vom offiziellen Athen auf der Grabschrift von Poteidaia bekannt wird, daß der Leib der Toten zur Erde, die Seele zum Äther gehe, wird aus solchem Glauben zunächst zu erklären sein. Irgendwelche Mysterien brauchen nicht zu Hilfe gerufen zu werden, wenn es auch unzweifelhaft richtig ist, daß gerade die Gedanken vom Vater Himmel und der Mutter Erde und den Menschen als ihren Kindern, ja im besonderen die Geschichte von der Trennung der einst vereinigten Himmel und Erde und der Erzeugung aller Dinge durch sie späterhin in Lehren und Büchern mystischer Reli-

---

[1] Menand. monost. 89 (vgl. 539) γῆ πάντα τίκτει καὶ πάλιν κομίζεται. Ennius Epicharm. fr. 4 p. 221 Vahlen² terra gentis omnis peperit et resumit denuo.

[2] fr. 839 N². Vgl. fr. 1023 Αἰθέρα καὶ Γαῖαν πάντων γενέτειραν ἀείδω. Merkwürdig fr. 944 καὶ Γαῖα μῆτερ, Ἑστίαν δέ σ' οἱ σοφοὶ βροτῶν καλοῦσιν ἡμένην ἐν αἰθέρι.

[3] fr. 484 N².

gionen weitergeführt worden sind.[1] Wir müssen hier zum zweitenmal die Aufmerksamkeit darauf richten, daß alte Volksreligion in der Mystik folgender Zeit ein Weiterleben findet. Aber noch ein Vers des Euripides hat hier zunächst seine Bedeutung. Der Chor athenischer Bürger in den Herakliden betet zur Erde d. i. zu der attischen Erde, auf der sie stehen: sie soll die Fremden vertreiben (mit dem Anruf Γᾶ v. 748 beginnt das ganze Lied) v. 770 ff.:

ἀλλ' ὦ πότνια, σὸν γὰρ οὖδας,
Γᾶ, σὸν καὶ πόλις, ἇς σὺ μάτηρ
δέσποινά τε καὶ φύλαξ.[2]

„Ja, du hehre, dein Boden ist's, Erde, dein Boden auch die Stadt, deren Mutter du bist, Herrin und Schirmerin": so ist zu verstehen. Das sind die αὐτόχθονες selber, die Athener, die so reden. Auf diese Autochthonie spielt doch wohl Euri-

---

[1] Nekyia 100 ff., 105 f., 107, wo ich aber dem Mystischen zu früh starken Einfluß zugewiesen habe. Sehr lehrreich ist eine Plutarchstelle, die mir Wünsch notiert, de plac. phil. I, 6 p. 880 B ... τὰ ὑπὸ γῆς ζῳογονούμενα καὶ καρπογονούμενα. διὸ πατὴρ μὲν ἔδοξεν αὐτοῖς οὐρανὸς ὑπάρχειν, μήτηρ δὲ γῆ. τούτων δ' ὁ μὲν πατὴρ διὰ τὸ τὰς τῶν ὑδάτων ἐκχύσεις σπερμάτων ἔχειν τάξιν· ἡ δὲ γῆ μήτηρ διὰ τὸ δέχεσθαι ταῦτα καὶ τίκτειν. Auf einen etruskischen Situlahenkel, der den Uranos die Erde mit seinem Samen befruchtend darstellen soll, macht mich Nicola Terzaghi in Florenz aufmerksam, s. Milani *Studi e Materiali di Arch. e Num.* II 90 fig. 290.

[2] v. Wilamowitz hat die Verse erläutert *Hermes* XVII 356 ff., die Beziehung der Anrufung auf die Erde in den Versen sichergestellt und einige Zeugnisse attischen Erdkultes herangezogen, die ich zum Teil unten verwende. Überliefert ist γᾶς σὸν καὶ πόλις, das auch Wilamowitz behält. Ich kann das nicht für richtig halten, obwohl ein οὖδας γᾶς in einem Liede der γᾶ mit Phoenissen 685 ff. (die Wilamowitz anführt) zu rechtfertigen ist (Δαμάτηρ θεά, ... πάντων δὲ Γᾶ τροφός — ἄμυνε τᾷδε γᾷ). Man verstünde aber nach allem Vorangehenden gar nicht, bei diesem γᾶς erst recht nicht, wer angerufen ist. Ich möchte gleich hier bemerken, daß außer dem genannten Aufsatze das Vorwort von Wilamowitz zu seiner Übersetzung der Eumeniden mir wesentlich dazu geholfen hat, die Bedeutung der Religion der Mutter für die Griechen zu verstehen.

pides an, diesmal in einer skeptischen Wendung, die er dem Xuthos in den Mund legt, als er mit Ion darüber verhandelt, wer die Mutter des Ion sein solle, wenn denn Xuthos der Vater ist. Das hat Xuthos in seiner Freude den Gott zu fragen vergessen. Γῆς ἄρ᾽ ἐκπέφυκα μητρός, sagt Ion (542), οὐ πέδον τίκτει τέκνα antwortet Xuthos, der Boden gebiert keine Kinder. Inwieweit zu den Phantasien in der Aristophanesrede
* des platonischen Symposions (p. 191 c) von den Menschen, die früher ἐγέννων καὶ ἔτικτον οὐκ εἰς ἀλλήλους, ἀλλ᾽ εἰς γῆν ὥσπερ οἱ τέττιγες (der τέττιξ war das Symbol der Autochthonie) alter Volksglaube mitgewirkt haben mag, wird sich schwer entscheiden lassen.

* Auf seine Autochthonie war der Durchschnittsathener ehrlich stolz. Die heilige Geschichte zu diesem Glauben war die von der Geburt des Erichthonios aus der Erde, wie man sie so unvergleichlich einfach und naiv wirkungsvoll auf einem sehr bekannten alten Tonrelief dargestellt sieht.[1] Zum unmittelbaren Verständnis dieser Volkssage und ihrer Darstellungen braucht man wahrlich nicht die widerliche Geschichte, die zugleich einer schwachsinnigen Lüsternheit und einem theologischen Konkordanzbedürfnis dienen soll, welche beiden Dinge sich wohl nur bei alten Priestern zusammengefunden haben mögen. Erichthonios soll auch, so lautete eine Überlieferung, der Erde zuerst auf der Akropolis geopfert und ihr einen Altar gesetzt haben.[2] In der Tat hat sich dort noch eine Felsinschrift Γῆς καρποφόρου κατὰ μαντείαν gefunden.[3] Wir wissen aber noch weiterhin von einem Bilde der Γῆ auf der Akropolis

---

[1] *Archäol. Zeitung* 1872, Taf. 63. Abgebildet z. B. bei Roscher *Myth. Lex.* I 1578, Baumeister *Denkm.* I 492. Dazu die Vasen, die auch den Hephaistos so darstellen, daß man an die spätere Geschichte gar
* nicht denken kann, Reinach *Vases* I S. 66, 113, 208.

[2] Suidas s. v. κουροτρόφος.

[3] *CIA* III 166; vgl. II 481, 59 ἔθυσαν καὶ τὰ ἐξιτήρια ἐν ἀκροπόλει τῇ τε Ἀθηνᾷ τῇ Πολιάδι καὶ τῇ Κουροτρόφῳ καὶ τῇ Πανδρόσῳ.

durch Pausanias (I 24,3): ἔστι δὲ καὶ Γῆς ἄγαλμα ἱκετευούσης ὗσαί οἱ τὸν Δία. Das wäre denn ein Zeugnis des gleichen Volksglaubens, der von Aischylos und Euripides in Worte gefaßt war. Eine andere Stätte offenbar uralten Erdkultes kennen wir in Athen: den Erdschlund der Γῆ Ὀλυμπία, in den sich einst die deukalionische Flut sollte verlaufen haben. Dorthinein habe man noch alljährlich Honigkuchen geworfen.[1] Die Kultstätte war in unmittelbarer Nähe und, wie der Name sagt, in irgendwelcher Verbindung mit dem τέμενος des olympischen Zeus. Andererseits gab es ja auch von alter Zeit her Kult einer μήτηρ in Athen. Nach ihr ist das μητρῷον genannt.[2] Möglich, daß es ihr Fest war, das den Namen γαλάξια führte.[3]

Wir sind unvermerkt in das Gebiet attischen Kultes und Volksbrauches übergeführt worden. Hier liegt in der Tat eine Reihe merkwürdigster Zeugnisse vor, die aber nun für uns nach allem, was wir kennen gelernt haben, kaum noch ein Wort der Erläuterung bedürfen. Wenn wir hören, daß nach der Sitte der Athener die Ehen dem Οὐρανός und der Γαῖα geweiht wurden[4], daß Γῆ um Kindersegen angerufen wurde, so wissen wir jetzt, wie alter Volksglaube das ganz eigentlich gemeint hatte. Wir begegnen auch sonst einmal der Demeter — die man jedenfalls immer als Erdmutter auffaßte — als Ehegöttin.[5] Mit einem Zeugnis aber für das Eheopfer an Himmel und Erde ist unmittelbar die Angabe verbunden, daß man bei eleusinischen Begehungen zum Himmel hinaufblickend gerufen habe ὗε, zur Erde hinunterblickend κύε:[6]

---

[1] Pausan. I 18, 7.
[2] Preller-Robert⁴ 651.
[3] Theophrast Char. XXI (v. Wilamowitz Lesebuch 305).
[4] Proklos zu Plat. Tim. p. 293.
[5] Plutarch praecepta coniug., Anfang.
[6] Die Zeugnisse Mithrasliturgie, Anhang, S. 214. Die Formen ὗε und κύε sind ganz sicher geworden durch die Inschrift Bull. Corr. Hell. XX 79.

der Himmel soll regnen und die Erde schwanger werden. Wir hören auch ein andermal von dem Gefäße, mit dem gegossen wurde, nach dem man die Begehung *πλημοχόαι* nannte. Darauf geht denn auch ein Vers im Peirithoos des Kritias[1]:

> ἵνα πλημοχόας τάσδ' εἰς χθόνιον
> χάσμ' εὐφήμως προχέωμεν.

Dafür, daß Saat und Ernte der Frucht mit Zeugung und Geburt des Menschen, ich möchte sagen, in eins geschaut wurde, bietet attische Religion die markantesten Zeugnisse. Jeder weiß, wie bei den Thesmophorien Fruchtbarkeit der Erde und Kindersegen zugleich Ziel und Sinn der Begehungen ausmachen. Mag denn nur noch ein Zeugnis aus dem vielverhandelten Lukianscholion[2] hier stehen, über die sog. *ἀρρητοφόρια*: τὰ δὲ αὐτὰ ἀρρητοφόρια καλεῖται καὶ ἄγεται τὸν αὐτὸν λόγον ἔχοντα περὶ τῶν καρπῶν γενέσεως καὶ τῆς τῶν ἀνθρώπων σπορᾶς. ἀναφέρονται δὲ κἀνταῦθα ἄρρητα ἱερὰ ἐκ στέατος τοῦ σίτου κατεσκευασμένα, μιμήματα δρακόντων καὶ ἀνδρῶν σχημάτων. λαμβάνουσι δὲ κώνου θαλλοὺς διὰ τὸ πολύγονον τοῦ φυτοῦ, ἐμβάλλονται δὲ καὶ εἰς τὰ μέγαρα οὕτως καλούμενα ἄδυτα ἐκεῖνά τε καὶ χοῖροι ὡς ἤδη ἔφαμεν, καὶ αὐτοὶ διὰ τὸ πολύτοκον, ὡς σύνθημα τῆς γενέσεως τῶν καρπῶν καὶ τῶν ἀνθρώπων κτλ. Phallen wurden in die Erdtiefe geworfen, damit sie Früchte und Menschen hervorbringe. Das ist der klare Sinn. Daß die Reste der wieder heraufgeholten Ferkel dann mit der Saat vermischt werden, mag beiseite bleiben, da eine Deutung, so nahe sie liegt, immerhin einen Zweifel nicht ganz beseitigen kann. Wie unmittelbar lebendig aus ältestem Denken des Volkes die Parallelität, ja Identität des Säens und Zeugens war, liegt mit am eindringlichsten im Zeugnis der Sprache zutage, *σπείρειν* ist das Wort für

---

[1] Bei Nauck² Eur. *fr.* 592.
[2] S. Rohde *Rhein. Mus.* XXV 548ff., Robert *Hermes* XX 349ff.,
* Rohde *Hermes* XXI 123.

beides, für „zeugen" besonders häufig bei altattischen Schriftstellern, ἀρόω „pflügen" für das gleiche gerade in der attischen Tragödie, ἄροτος ist in der attischen Rechtssprache bei Eheverträgen ganz stehend geworden, ἐπὶ παίδων γνησίων ἀρότῳ.[1] *
Keineswegs aber ist die entsprechende Redeweise und Denkweise nur attisch, sie ist allgemein griechisch.[2]

---

[1] Einige besonders lehrreiche Stellen der Tragödie:

Aischylos *Sept.* 752 f. Οἰδιπόδαν ὅστε ματρὸς ἁγνὰν
σπείρας ἄρουραν, ἵν' ἐτράφη ...

Soph. *Antig.* 569 ἀρώσιμοι γὰρ χἀτέρων εἰσὶν γύαι.

Oed. R. 1210 .. αἱ πατρῷαί σ' ἄλοκες φέρειν ...

Oed. R. 1256 μητρῴαν .. ἄρουραν ...

1485 πατὴρ ἐφάνθην ἔνθεν αὐτὸς ἠρόθην.

Trachin. 31 ff. κἀφύσαμεν δὴ παῖδας, οὓς κεῖνός ποτε,
γῄτης ὅπως ἄρουραν ἔκτοπον λαβών,
σπείρων μόνον προσεῖδε κἀξαμῶν ἅπαξ.

Eurip. *Med.* 1280 τέκνων ὃν ἔτεκες ἄροτον ..

Phoen. 18 μὴ σπεῖρε τέκνων ἄλοκα δαιμόνων βίᾳ.

Die ständige Parallelisierung der Fruchtbarkeit oder Unfruchtbarkeit der Felder und der Mutterschöße ist bekannt, aber kaum bisher in ihrem tiefsten Grunde verstanden; als Beispiel *Oed. R.* 269 f.

καὶ ταῦτα τοῖς μὴ δρῶσιν εὔχομαι θεοὺς
μήτ' ἄροτον αὐτοῖς γῆς ἀνιέναι τινὰ
μήτ' οὖν γυναικῶν παῖδας, ἀλλὰ τῷ πότμῳ
τῷ νῦν φθερεῖσθαι κἄτι τοῦδ' ἐχθίονι.

[2] Nur einige Belege: Hesiod. *o. et d.* 736 σπερμαίνειν γενεήν.
Theognis 581 f. ἐχθαίρω δὲ γυναῖκα περίδρομον ἄνδρα τε μάργον,
ὃς τὴν ἀλλοτρίην βούλετ' ἄρουραν ἀροῦν.
Aus späterer Zeit: Kaibel *epigr. gr.* 514: ἤροσε δ' αὐτὰν Βούτιχος (Butichos der Vater),
ebenda 601: εὐτεκνίης ἀροτῆρα τὸν πατέρ' ἡμέτερον.
Lukian *Lexiphan.* 19 γυνὴ ἀνήροτος. Nonnos *Dionys.* XII 45 ff.:

ὅσσα τέλεσσε γέρων Κρόνος, ὁππότε τέμνων
ἄρσενα πατρὸς ἄροτρα λεχώιον ἤροσεν ὕδωρ
σπείρων ἄσπορα νῶτα θυγατρογόνοιο θαλάσσης

(ἄροτρα männliche Schamteile). Artemidor. Oneirokrit. I 51 (p. 58 Hercher) γεωργεῖν ἢ σπείρειν ἢ φυτεύειν ἢ ἀροτριᾶν ἀγαθὸν τοῖς γῆμαι προῃρημένοις

Es bleibt nun, meine ich, für uns auch nicht im mindesten wundersam, wenn man in Athen bei der Hochzeit den Ahnengeistern opferte, die drunten unter der Erde sind. Denn dies ist übliche Vorstellung, auch wenn die Τριτοπάτορες, zu denen man auch um Kindersegen flehte, Windgeister waren. Da ist ein Gebiet anderer Vorstellungen, das von unserm Wege abliegt.[1] So klar es ist, daß die Ahnenseelen vielfach aus der Luft wieder zu neuer Geburt im Körper einkehren sollen, so sicher hat der Volksglaube auch einst gemeint, daß aus der Erde die Ahnenseelen wiederkehren zu irdischer Geburt. Und nun beobachten wir wieder ein fortwährendes Neben- und Ineinandergehen des Kreislaufes im Leben und Sterben der Frucht und des Menschen. Die Toten drunten, die Geister oder Seelen, wenn man will, befördern das Emporkommen der Frucht; man betet zu ihnen, sie heraufzusenden.[2] Und wie will man den alten athenischen Brauch verstehen, auf das frische Grab Samen zu streuen, der von Cicero de legibus (II c. 25, 63) mit so seltsamem Zusatz referiert wird? *Nam et Athenis iam illo [mores] a Cecrope, ut aiunt, permansit hoc ius terra humandi quam quom proxumi*

καὶ τοῖς ἄπαισιν. ἄρουρα μὲν γὰρ οὐδὲν ἄλλο ἐστὶν ἢ γυνή, σπέρματα δὲ καὶ φυτὰ οἱ παῖδες, πυροὶ μὲν υἱοί, κριθαὶ δὲ θυγατέρες, ὄσπρια δὲ τὰ ἐξαμβλώματα. Besonders lehrreich ist eine Stelle bei Plutarch *praec. coni.* 41 p. 144[b], wo er von dreierlei Pflügen spricht, τούτων δὲ πάντων ἱερώτατος ... γαμήλιος (eine wirkliche Pflügungszeremonie bei der Hochzeit könnte man, scheint mir, daraus erschließen; vielleicht gibt es noch weitere mir unbekannte Zeugnisse), und eine Partie bei Clemens Alexandr. *Paidag.* II 10 z. B. die Worte p. 218, 8 ff. Stählin: σπείρειν δὲ μόνον ἐπιτέτραπται τῷ γήμαντι ὡς γεωργῷ τὸ τηνικάδε, ὁπηνίκα ὁ καιρὸς δέχεται τὸν σπόρον — von der Sage wird dann gesprochen, nach der die αὐτόχθονες γηγενεῖς so entstanden, daß Samen in die Erde gesät und dann aufgegangen sei, für die Kadmossage werden Euripidesverse zitiert usw. Weitere Belege zu häufen ist unnötig; ich verweise noch auf Hemsterhuis zu Lukians *Timon* 17, E. von Lasaulx *Studien des klassischen Altertums* 380 f., Preller *Demeter und Persephone* 354 ff., Mannhardt *Mytholog.*

* *Forschungen* 352.

[1] Rohde *Psyche*[3] 247 f.
[2] Rohde *Psyche*[3] 247, 1.

fecerant obductaque terra erat, frugibus obserebantur[1], *ut sinus et gremium quasi matris mortuo tribueretur, solum autem frugibus expiatum ut vivis redderetur.* Damit ein Schoß, wie einer Mutter, dem Toten gegeben würde. Wohl hat Cicero diese überaus bedeutsamen Worte kaum selbst nach seiner Quelle richtig verstanden. Müssen sie nicht bedeuten, daß dem Toten so der Mutterschoß der Erde geschaffen wird, in den die Samen gelegt werden, damit der Schoß gebiert? Durch eine Art von sympathetischem Zauber, der in diesem Volksglauben ja bei der fortwährenden Sympathie von Frucht und Menschen besonders natürlich war, wird die mütterliche Erde vermocht, dem Toten seine Seele wieder zum Lichte zu gebären. Ich fürchte nicht, daß ein Leser, der mir von Anfang gefolgt ist und sich der Tatsachen des vorigen Abschnittes erinnert, irgend etwas Unsicheres in der Erkenntnis solchen Volksbrauches finden wird, so wenig auch jemand wissen kann, wie lange die ursprünglichen Gedanken bei der Ausübung des Brauches irgend lebendig geblieben sind. Daß man denn auch in gewissen Pflanzen emporgekommene Seelen sehen konnte, zeigen pythagoreische Vorstellungen.[2] Pythagoreische Mystik wurzelt sehr vielfach im griechischen Volksglauben und wie asketische mystische Konventikel jeder Zeit treibt jene die naive Volksreligion zu Konsequenzen, die dieser von Hause aus fern lagen.

Daß in Athen ein Festtag, an dem der Erde geopfert wurde, sowohl γενέσια wie νεκύσια heißen konnte[3], wie uns überliefert wird, bedarf nicht gerade zur Erklärung unserer

---

[1] Obwohl ich hier absichtlich keine Abschweifungen zu anderen Völkern mehr mache, mag in diesem Falle nachzutragen erlaubt sein, daß die Inder genau dieselbe Sitte hatten (ich möchte auch den Spruch des Brahmanen notieren: „zu den Wurzeln der Pflanzen schlüpfen die Väter hin"), Oldenberg *Rel. d. Veda* 582, und daß man sie für die Ägypter aus einem Funde deutlich erkennt, den Wiedemann bespricht *Osiris végétant, Le Muséon, Nouvelle Serie*, IV (Louvain 1903), S. 111 ff.

[2] Ich verweise, um nicht abzuschweifen, nur auf Wünsch *Frühlingsfest der Insel Malta* 31 ff. [3] Hesych. s. v. γενέσια.

Gedankenreihe. Aber schwerlich wird man ihrer entraten können, wenn man eine andere Nachricht vom attischen Kultbrauch verstehen will. Ein Mitglied des Geschlechtes der Buzygen in Athen, deren Stammheros zuerst den Stier vor den Pflug spannte, mußte bei der heiligen Pflugfeier, der Feier der Einführung des Ackerbaues — es war eine jährlich wiederholte sakramentale Handlung, bei der die Erde durch den Pflug (= Phallos) befruchtet wurde[1] — Verwünschungen (ἀραί) gegen schweren Frevel aussprechen, unter denen von späteren Schriftstellern eine Anzahl aufgezählt wird, Mitteilung von Wasser und Feuer zu verweigern, dem Irrenden den Weg nicht zu zeigen; ja sogar das Verbot schließt sich an, einem anderen zu tun, was man selbst nicht erleiden möchte.[2] Das letzte ist gewiß nicht altattisch. Über andere Sätze läßt sich nichts von vornherein behaupten, Philo ist überhaupt der älteste Zeuge. Natürlich mag sich alsbald bei der Liturgie eines Festes, das die Grundlage allgemeiner menschlicher Gesittung feierte, immer mehr von den Gesetzen einer Menschlichkeit angeschlossen haben, die durch die Gesetze des Staates nicht gewährleistet werden konnte. In einem Scholion zu Sophokles Antigone (zu v. 255) steht: λόγος δὲ ὅτι Βουζύγης Ἀθήνησι κατηράσατο τοῖς περιορῶσιν ἄταφον σῶμα. Das kann das älteste Zeugnis sein (die Vorschrift kommt ähnlich auch in einem der anderen Zeugnisse vor), jedenfalls ist hier der einzige der überlieferten Flüche[3], dessen Zusammenhang mit der heiligen Handlung des Buzygen für uns verständlich ist. Wer einen Leib unbestattet liegen ließ, entzog der Mutter Erde, was ihr gebührte, und weihte eine Seele, ein Leben, das die Mutter Erde wieder zu neuem Emporsteigen geboren haben würde, ewiger Vernichtung.

---

[1] Von dieser in solchen Bräuchen selbstverständlichen Anschauung wird unten deutlicher die Rede sein.

[2] S. die Erörterung der Stellen bei Jakob Bernays *Ges. Abh.* I 277 ff.

[3] Andere Vorschriften werden hierhergehört haben, von denen wir in anderem Zusammenhang gelegentlich hören, z. B. den Pflugstier nicht zu schlachten, Ael. *v. h.* V 14.

Kann man sich denn anders die so unerbittliche Strenge erklären, mit der das Gefühl des Volkes die Bestattung Toter verlangte, mit der es vorgeschrieben war, einem Toten wenigstens etwas Erde aufzulegen?[1] Dem, der es versäumte, fluchte der funktionierende Priester öffentlich bei der heiligen Pflugprozession. Kann man sich z. B. die uns so unverständliche, wenn auch künstlich noch gesteigerte Erbitterung des Volkes erklären, als nach der Arginusenschlacht die Leichen der im Wasser Verunglückten nicht geborgen sind, ohne ganz besondere religiöse Gründe? Allgemein menschliche Pflicht, die Leiche zu bergen[2], erklärt das nicht. Daß das Meer die Ertrunkenen festhält, so daß sie nicht in die Unterwelt gelangen, scheint auch weiterhin Volksglaube gewesen zu sein, und es ist noch dem christlichen Apokalyptiker (Apok. Joh. XX, 13) etwas ganz Besonderes, wenn auch das Meer die Toten wiedergibt, die in ihm sind.[3] Es mögen sich ja im attischen Glauben die mannigfachsten Vorstellungsweisen kreuzen, die logisch nicht nebeneinander bestehen können, wie denn ein Glaube an die Seelen in der Luft, an die im Lichtlande im Westen und an die drunten im Grabe, die gespeist und getränkt werden müssen, sich wohl kaum immer auch nur in ein und derselben Person ausgeschlossen haben werden. Wer nicht bestattet wurde, kam nicht zur Ruhe des Jenseits, ist den Unterirdischen genommen, denen er fortan gehört[4]; wer nicht von Nachkommen Ehre und

---

[1] Z. B. Aelian v. h. V 15: νόμος καὶ οὗτος Ἀττικός. ὃς ἂν ἀτάφῳ περιτύχῃ σώματι ἀνθρώπου, πάντως ἐπιβάλλειν αὐτῷ γῆν.

[2] Wie es gelegentlich ausgedrückt wird: ὡς πάντως ὅσιον ἀνθρώπου νεκρὸν γῇ κρύψαι, Pausan. I 32, 5.

[3] Radermacher *Das Jenseits im Mythos der Hellenen* 75.

[4] So ist es in den bedeutungsvollen Worten des Teiresias an Kreon ausgesprochen Soph. *Antig.* 1070 ff.:

ἔχεις δὲ τῶν κάτωθεν ἐνθάδ' αὖ θεῶν
ἄμοιρον, ἀκτέριστον, ἀνόσιον νέκυν,
ὧν οὔτε σοὶ μέτεστιν οὔτε τοῖς ἄνω
θεοῖσιν, ἀλλ' ἐκ σοῦ βιάζονται τάδε.
τούτων σε λωβητῆρες ὑστεροφθόροι
λοχῶσιν Ἅιδου καὶ θεῶν Ἐρινύες κτλ.

Nahrung empfing, war erst dem ewigen Tode verfallen: aber, bewußt oder nicht, in den Zeiten, deren Zeugnis wir haben können, hat der Glaube in Sitte und Recht noch mit-
* gewirkt: wer nicht in der Heimaterde geborgen wird, dem gibt die Erdmutter keinerlei neues Leben. Die schlimmsten Verräter an der heimischen Erde und den heimischen Göttern dürfen darum nicht begraben werden in attischer Erde, μὴ ταφῆναι ἐν τῇ Ἀττικῇ heißt die rechtliche Formel, ja, sie werden, wenn sie ein Grab gefunden hatten, exhumiert, über die Grenze gebracht und etwa noch ihre Asche ins Meer gestreut. Daß in den sorgsamsten Rechtsbestimmungen auf solche Verfolgung der Leiche so eifrig gehalten wird[1], ist nicht daraus
* allein zu erklären, daß die Heimaterde nicht durch den Leichnam des Hochverräters verunreinigt werden solle. Eine Sitte kann aus Gründen fanatisch beibehalten werden, die im Volksbewußtsein längst geschwunden sind: die Bauern wissen auch nicht mehr, warum sie in grimmige Entrüstung geraten — ich kenne solche Fälle —, wenn ein Selbstmörder nicht an die Friedhofsmauer, sondern in die Reihe der andern Gräber begraben wurde, und der Bischof von Metz wußte vermutlich auch nicht den eigentlichen Grund, warum er mit fanatischer

---

[1] Xen. *Hell.* I 7, 22: κατὰ τόνδε τὸν νόμον κρίνατε, ὅς ἐστιν ἐπὶ τοῖς ἱεροσύλοις καὶ προδόταις, ἐάν τις ἢ τὴν πόλιν προδιδῷ ἢ τὰ ἱερὰ κλέπτῃ, κριθέντα ἐν δικαστηρίῳ, ἂν καταγνωσθῇ, μὴ ταφῆναι ἐν τῇ Ἀττικῇ... Man nimmt an, „daß seit der Mitte des vierten Jahrhunderts für die im Eisangeliegesetz aufgeführten Verbrechen die Strafe der Hinrichtung und der Versagung des Begräbnisses im vaterländischen Boden gesetzlich festgestellt war" (Meier-Schömann-Lipsius
* *Att. Proz.* 328). Im Dekret des zweiten attischen Seebundes heißt es in bedeutsamer Weise bei der Strafe für den διαλύων τὴν συμμαχίαν: μὴ ταφήτω ἐν τῇ Ἀττικῇ μηδὲ ἐν τῇ τῶν συμμάχων, ein ähnlicher Zusatz im (Ps. Plutarchs) Leben der zehn attischen Redner, p. 839: μηδ' ὅσης Ἀθηναῖοι κρατοῦσιν. Vgl. Usteri *Ächtung und Verbannung im griechischen Recht* 90 f. Ursprünglich und allgemein hatte man gegen Bestattung im Nachbarlande nichts einzuwenden. Schon W. Vischer *Rhein. Mus.* XX 444 ff. hatte vortrefflich, an Sophokles Antigone anknüpfend, über diese Dinge gehandelt.

Entschiedenheit den Friedhof von Fameck interdicierte, weil ein Protestant unter die Katholiken beerdigt worden war. *

Aber es ist natürlich mißlich, aus der Sitte den Glauben zu erschließen, der sie geschaffen hat, wenn kein direktes Zeugnis des ursprünglichen Sinnes mehr zu gewinnen ist. Mag man denn urteilen, wie weit parallele Erscheinungen attischen Volksglaubens und die Analogien von anderwärts, wie ich sie oben betrachtete, hier eine Erkenntnis über das Bewußtsein aller unserer Zeugen hinaus ermöglichen. Hier soll noch ganz besonders hervorgehoben werden, was in einer — allerdings von Platon, aber nach üblichem Schema, fingierten[1] — Leichenrede beim offiziellen Begräbnis der gefallenen Krieger über die Mutter Erde gesagt werden konnte. Im Menexenos (p. 237 a ff.) werden die Toten gepriesen als die αὐτόχθονες. Nicht von einer Stiefmutter sind sie aufgenährt, von der Mutter, und nun liegen sie nach dem Tode wieder aufgenommen im heimischen Schoße ihrer Gebärerin und Ernährerin. Und nun, heißt es, muß man zuerst diese Mutter selbst preisen. Unter vielem anderen wird hervorgehoben, daß dieses Land, in der Zeit, da jegliches Land allerlei Lebendiges erzeugte, fleischfressende und grasfressende Tiere, nicht wilde Tiere erzeugte, sondern sich von allem Lebendigen den Menschen auswählte und ihn erzeugte. Ein merkwürdiger Beweis dafür wird geführt: wie die Frau, die geboren habe, daran zu erkennen sei, daß sie Nahrung für ihr Kind besitze, so auch die attische Erde, die zuerst menschliche Nahrung, Weizen und Gerste, hervorgebracht habe, wovon sich das menschliche Geschlecht am besten nähre. Weiter heißt es dann auch, die Erde habe nicht die Frauen nachgeahmt in Schwangerschaft und Geburt, sondern die Frauen hätten es der Erde nachgetan.

Das ist attischer Volksglaube, wie er im vierten Jahrhundert noch lebendig war. Das ist kein Sondereigentum der

---

[1] Vgl. zu dem von mir angeführten Passus Lysias *Epitaph.* 17, Isokr. *Paneg.* 25.

Mysterien, das konnte offen ausgesprochen werden in feierlicher Rede am Grabe der für die Muttererde Gefallenen. Gerade in attischen Reden sehen wir auch sonst noch an einem einzelnen Zuge, daß beim attischen Volke γῆ eine besondere, neben, ja über den anderen Göttern bestehende Bedeutung hatte. Bei Demosthenes steht fünfzehnmal der Anruf ὦ Γῆ καὶ θεοί, siebenmal ὦ Ζεῦ καὶ θεοί.[1] Bei Aischines steht einmal (III 137) ὦ Γῆ καὶ θεοὶ καὶ δαίμονες καὶ ἄνθρωποι. Daß Γῆ gleich mächtig dem Zeus gedacht war, in einer Sonderstellung neben den anderen Göttern, muß man erschließen. So steht sie denn auch in den Anrufungen der attischen Fluchtafeln, der Dokumente des Volksglaubens, gar nicht selten neben großen Göttern.[2]

In griechischen Rechtsanschauungen hat die Erde stets eine besondere Rolle gespielt, wie das von Ἥλιος bekannt ist. Die Schwurformel, wie sie Aischines III 109 zu lesen steht, ist besonders lehrreich für die Unmittelbarkeit des Glaubens, daß die Erde die Früchte und die Kinder den Menschen spendet: βοηθήσειν . . τῇ γῇ τῇ ἱερᾷ — dem, der das nicht tut, soll μήτε γῆν καρποὺς φέρειν μήτε γυναῖκας τίκτειν . . In einigen Eidformeln bleibt bis in späte Zeit in der ganzen griechischen Welt die Anrufung des Zeus, der Ge, des Helios fest[3]: daß das nicht immer tote Formel war, zeigt der Eid der Bürger von Chersonesos (Krim): wenn sie den Schwur nicht halten, soll ihnen die Erde keine Frucht bringen und die Weiber sollen keine Kinder gebären.[4] In den heiligen Rechts-

---

[1] Die Übersicht der Stellen danke ich Herrn R. Ebner.

[2] Wünsch *Defix. tabell. att.* Index p. 47. Vgl. die Indices bei Audollent *Defixionum tabellae* p. 461 ff. Γῆ heißt einmal μήτηρ παντὸς ἐμψύχου nr. 241, 7 Aud.

[3] Vgl. z. B. den Eid, der dem Augustus geschworen wird, Cumont *Revue des études grecques* XIV (1901), 26 ff., anderes bei Dittenberger, *Sylloge* Nr. 461, Nr. 837. Reiche weitere Belege für diese Dreiheit in griechischen Eiden bei Usener *Dreiheit, Rhein. Mus.* LVIII 1903, 18 ff.

[4] Das muß der Sinn der nur zuletzt verlorenen Worte sein, Dittenberger 461, Zeile 55 f.; vgl. Latyscheff *Sitzungsber. der Berl. Akad.* 1892. XXVII 479 ff.

formeln zeigt sich und bewahrt sich durch die Jahrhunderte[1] echte Volksreligion.

Daß nun freilich der Volksglaube von diesen Dingen, die den offiziellen großen Kulten unbekannt waren, insbesondere in mystischen Kreisen weiterlebte und potenziert weiterwirkte, ist uns im Vorbeigehen schon mehrere Male aufgefallen. Natürlicherweise aber wirken von ältester Zeit her die Weihen von Eleusis mit ein und eben in Eleusis war die Hauptsache, daß im Dienste der Erdmutter — niemand hat damals den Namen der Demeter anders verstanden — ein gutes Los gewonnen werde zum zweiten Leben. Demeter waltete * der Toten; soll doch sogar gemeine attische Rede die Toten Δημητρείους[2] genannt haben. In dem Dienste von Eleusis war der unmittelbar gegebene Gedanke der beherrschende, daß nur die Mutter alles Lebens drunten ein neues Leben geben kann. Ich habe früher angedeutet, daß wir gerade an diesem Punkte dem Verständnis des Problems nahe sind, wie Mysterienkulte entstehen. Aus dem Glauben an die Muttergottheit geht das Bedürfnis des einzelnen hervor, sich das μυστήριον der Kindschaft zu sichern, d. h. durch sakramentalen Akt Kind dieser Mutter zu werden für ein zweites Leben.[3] Am deutlichsten spricht das dann der spätere unteritalische Mysterienspruch aus: δεσποίνας ὑπὸ κόλπον ἔδυν χθονίας βασιλείας: ich bin eingegangen in den Schoß der unterirdischen Königin. Auf den im irdischen * Kult vollzogenen sakramentalen Akt wird verwiesen, der die Wiedergeburt aus der göttlichen Mutter nach dem Tode garantiert. Was ist das anderes, als der konsequent zum Ritus, zum μυστήριον für das religiöse Bedürfnis des einzelnen ausgestaltete alte Volksglaube? Steht nicht unter denselben Sprüchen auf den Täfelchen der gleichen Gräber von der πρωτογόνος Γῆ μήτηρ[4]?

---

[1] Vgl. die Eidesformel schon bei Homer, oben S. 36.
[2] Plutarch *de fac. in orb. lun.* 28 καὶ τοὺς νεκροὺς Ἀθηναῖοι Δημητρείους ὠνόμαζον τὸ παλαιόν.
[3] *Mithrasliturgie* 145 f.   [4] Diels *Festschrift für Gomperz* 5.

Und findet sich nicht unter denselben Sprüchen der unteritalischen Mysten der: Γῆς παῖς εἰμι καὶ Οὐρανοῦ ἀστερόεντος, ein Satz attischer, ganz und gar nicht geheimer Volksreligion, und ist nicht in derselben Mystik die Lehre von dem κύκλος γενέσεων zu Hause? Was ist der Kreislauf der Geburten, was ist die Seelenwanderungslehre, wie sie von den Pythagoreern insbesondere ausgebildet wurde, anders als der Volksglaube, den wir kennen, der auch in Griechenland, gewiß nicht nur in Attika, in einzelnen unverbundenen Bestandteilen der Volksreligion immanent existierte, konsequent weitergedacht in der, ich möchte sagen, fanatischen Logik einer asketischen Mystik, wie sie bei Kirchen- und Sektenbildungen so oft wirksam gewesen ist? Aus der Volksreligion nimmt diese Mystik ihr Material. Sie bekennt dann noch z. B. in Kreta im zweiten Jahrhundert nach Christus „ich bin das Kind Himmels und der Erde"[1], „orphische" Poesie führt die Allmutter Erde in bestimmten Liturgien weiter. Und hier bleibt die Seelenwanderungslehre zu Hause, nachdem sie im Volksglauben mehr oder weniger abgestorben war, nur hier und da in einer Sitte festgeblieben, die niemand mehr verstand.

Wir erkennen aber nun auch nach unseren Betrachtungen eine sehr wesentliche Beziehung zwischen Mysteriendienst und Volksbrauch, wo sie miteinander gar nichts zu tun zu haben schienen: es ist schon lange immer wieder aufgefallen, warum in dem Ritual der Hochzeit und der Mysterieneinweihung die Übereinstimmung sich auf alle wesentlichen Punkte bezieht, ja, warum sogar die Gebräuche bei Geburt und Tod des Menschen unter sich und mit den Mysteriengebräuchen so

---

[1] *Bull. Corr. Hell.* XVII 122 ff. Auf einem ganz analogen Täfelchen aus Rom heißt es seltsamerweise nur Διὸς τέκος. Aber freilich scheinen mir die darauf folgenden Zeichen nicht richtig gelesen, Comparetti *Tablette d'or portante une invocation orphique trouvée aux environs de Rome, Atene e Roma* 1903, p. 162, vgl. Harrison *Prolegomena to the Study of Greek Religion* 673.

überaus analog sind.[1] Damit ist das nicht erklärt, daß man alles auf den „Lustralgedanken" zurückführt. Die Lustratio ist doch ursprünglich immer nur Begleiterscheinung eines Opfers, eines Sakramentes, das ein religiöses Ziel hat, die Gewinnung, Versöhnung, Hilfe irgendeiner Gottheit, der man rein nahen muß. Freilich ist Lustratio in ganz besonderem Sinne nötig gewesen, in immer wieder wesentlich gleichen Formen, wenn man der Erdmutter nahen will; um es kurz zu sagen: die Gleichheit der Riten in all diesen Fällen ist erst damit erklärt, daß es sich in allen um Erddienst handelt. Das Kind, aus der Erde geboren, muß in den Schutz der göttlichen Mutter gestellt werden, die es schirmt vor tausend bösen Dämonen, die es nach seiner Loslösung aus dem Mutterschoß umlauern. Das Menschenpaar, das Hochzeit begeht, weiht sich der Erde und opfert ihr, daß sie ihrer Einigung Frucht gebe aus ihrem Allmutterschoß: der Zeugungsakt mag ursprünglich geradezu als ein sympathetischer Zauber erschienen sein, der die Mutter Erde zwingt, aus ihrem Lebensschatze den Menschen zu spenden.[2] Der Tote geht ein zur Mutter Erde: sie allein kann ihm ein weiteres Leben verleihen, wie es auch sei nach mancherlei Verschiedenheit des Glaubens: jedenfalls aber geht er ein in ihren Schoß, in ihr Reich.

In diesem mir ganz besonders wichtigen Falle geben, scheint mir, die Tatsachen des Ritus und Volksbrauches die unausweichlichste Bestätigung des echten Inhalts alten Volksglaubens. Sind wir auch in der letzten Betrachtung ein wenig über das, was vom attischen Volke bekannt ist, hinausgeführt, so ist es doch wesentlich attische Volksreligion gewesen, deren erreichbaren Elementen ich in dem Bereich

---

[1] Die Hauptpunkte stellt Diels zusammen, *Sibyll. Blätter* 48, 2.

[2] Ich will nur an die sakramentalen Begattungen auf dem Saatfeld erinnern (von Demeter und Iasion bis zu den abgeblaßten Volksbräuchen späterer Zeit), die die Mutter Erde zu Empfangen und Gebären bringen sollen. S. Abschnitt VI.

dieses tiefgreifenden Lebens- und Glaubensgebietes nachgehen wollte. Die Hauptzüge von dem Bilde der Mutter Erde in der Volksreligion Athens werden gewonnen sein. Es ist aus Attika nicht bezeugt, daß man das neugeborene Kind auf die Erde gelegt, daß man kleine, vor einem gewissen Alter gestorbene Kinder nur in der Erde begraben, daß man Sterbende auf den Boden der Erde gelegt habe: sind nun diese Bräuche vorhanden gewesen oder nicht, wir haben noch viel reichlichere Zeugen, als es jene römischen geringen Notizen waren, daß auch hier voreinst das Volk die großen Geheimnisse der Zeugung und des Todes in denselben Formen des Denkens erfaßt hatte. Analog haben sich Volksbrauch und Volkssitte in Attika gestaltet und doch selbständig, je mehr verschiedenartige Einwirkungen innerhalb der geschichtlichen Entwickelung zur Geltung kamen. Das liegt uns hier fern zu untersuchen, welche Bedeutung die Elemente des Volksglaubens zumal dann gewinnen (vom eigentlich Religiösen ganz abgesehen), wenn die Kunst, die Poesie sich ihrer bemächtigt, wenn der Genius weiterdichtet, wo des Volkes ahnendes Sinnen sich verlor. Aber muß uns nicht in den Sinn kommen, was Platon dem Volksglauben verdankt haben mag, gerade dem, den wir betrachtet haben? Die Lehren von der Präexistenz der Seele, von der Seelenwanderung können gewiß auch nicht von vornherein nur von den westgriechischen pythagoreischen Lehren beeinflußt sein: aber hier will ich nur an das eine grandiose Bild erinnern, da Platon am Schluß der Republik den dröhnenden Erdschlund beschreibt, durch den die Seelen auf- und niedersteigen, vom Leben kommend hinunter und wieder von drunten mit neuem Lebenslose, das sie gelost, hinauf: ein Kreislauf der Seelen in immer neuen Geburten aus der Tiefe der Erde. Wer vermöchte zu sagen, wie viel von attischer Volksreligion durch Platon wirksam geworden ist für die Religion einer Welt?

III

Wieviel von dem Glauben an die Menschenmutter Erde, dessen unverkennbare Spuren wir in Attika finden konnten, an anderen Orten Griechenlands, im ganzen Hellenenvolk lebendig war, läßt sich kaum mit irgendwelcher Bestimmtheit sagen, die über eine gewisse innere Wahrscheinlichkeit hinausginge. Nachdem wir uns in Attika orientiert haben, werden wir manchem einzelnen anderweit erhaltenen Zeugnis mit besserem Verständnis entgegentreten; wir dürfen aber nie vergessen, daß im besten Falle immer nur ein Teil des Glaubens von der Mutter Erde direkt bezeugt ist. Es gibt viele Zeugnisse eines Kultes der „Erde" und viele Zeugnisse des Kultes einer „Mutter", aber sie sind nicht ohne weiteres Zeugnisse für die „Mutter Erde", so wahrscheinlich auch die Annahme ihres Kultes in vielen Fällen sein mag.

Es ist bekannt, wie vielfach in Griechenland von der $Γῆ$ berichtet wird, die manches Heiligtum in ältester Zeit besessen habe und die von anderen Göttern, die nach ihr herrschten und die nun herrschten, vertrieben oder zurückgedrängt sei. Manchmal mag Entstehung und herrschende Macht des heiligen Brauches, der nur in geheimnisvoller Verborgenheit lebendig war, eben darum ferner Vergangenheit zugeschrieben sein. Wir fühlen es heraus, wie vielfach die Verehrung der Erde, von der man gar nicht oder mit heiliger Scheu spricht, sich, hier mehr dort weniger, in ein geheimnisvolles Dunkel zurückgezogen hat. Man möchte von einer religiösen Scham reden, die sicherlich im Laufe der Zeiten stärker geworden ist. Der offene Volksbrauch und Volksglaube ist bereits vielfach zum $ἄρρητον$ geworden, das man verschweigt und verhüllt.

Die Überlieferungen von alten Erdorakeln in Olympia und Delphi waren noch später sehr lebendig; ein Erdspalt war dort und hier vorhanden. An einer entlegeneren Stätte, bei Aigai in Acheia, hat sich ein altes Erdorakel bis in späte Zeit erhalten, wo eine Priesterin der Ge, um Orakel zu erhalten, in einen Erdspalt stieg, nachdem sie Ochsenblut getrunken hatte.[1] Für Dodona sichern spätere Zeugnisse alten Erdkult[2] und es ist eine sehr natürliche Annahme, daß die Seller, die ihre Füße nicht waschen und auf dem Erdboden lagern — daß es sich dabei um Asketisches und Rituelles handelt, ist ohnedies die allein mögliche Erklärung[3] — ebendamit der Erde dienen, die auch hier, wie in Olympia, Delphi, Aigai die Orakel selbst gegeben haben wird. Bei jeglicher Inkubation war es ursprünglich die Erde, die den Traum gab. Sie ist die Mutter der Träume, die ihre Kinder sind.[4] Das ist mehr als bildliche Rede des Dichters und die Vorstellung von der traumgebenden Erde ist gewiß nicht bloß daraus entstanden, daß die Menschen beim Schlafen mehr oder weniger unmittelbar an der Erde liegen. Die Träume verhalten sich zu den realen Dingen wie die Schatten im Hades zu den lebendigen Menschen. Sie haben nur einen geringeren Grad von Realität als die Erscheinungen des Lebens, aber sie haben ihre Realität. Darum ist denn auch das gesamte Schattenbild des Traumes das Nachbild oder aber sozusagen Vorbild einer Realität, die ganz unausweichlich eingetreten ist oder eintreten wird: es kommt nur darauf an, daß man richtig deute und erkenne. So wird es verständlich, daß man bittet, der Traum möge „vorübergehen", sich zu einem anderen, dem Feinde, wenden. Drunten weilen die Träume bei den Seelen; sie werden heraufgesandt von der Erde oder den Toten. Erst weiterhin

---

[1] Pausan. VII 25, 13; Plinius *n. h.* XXVIII 41.
[2] Pausan. X 12, 10 Γῆ καρπούς ἀνίει, διὸ κλῄζετε Ματέρα Γαῖαν.
[3] Kretschmer *Einleitung in die Gesch. der gr. Sprache* 87 f. Kern bei Pauly-Wissowa V 1260.   [4] Euripides *Hek.* 70 *Iph. Taur.* 1234 f.

können dann auch die Götter anderweit über die Träume verfügen, die Götter, die jederzeit selbst im Traume erscheinen können.[1] Hier liegt mir nur daran, begreiflich zu machen, daß die Erde, die aus ihrem Thesaurus der Seelen alles Leben heraufsendet, auch als die Mutter der Träume im letzten Grunde eben die Mutter Erde ist, die ich verständlich machen will.

Es wird schwerlich ein Zufall sein, wenn die zufälligen Notizen, die wir von Erdverehrung in Griechenland besitzen, auf entlegenere Orte sich beziehen. So hören wir z. B., daß unweit des Flusses Krethis in Achaia ein Tempel der Γαῖα εὐρύστερνος mit einem alten Schnitzbild[2] stand, daß auf dem Markt von Tegea sich ein Altar der Erde[3] befand. Freilich auch auf dem Markte zu Sparta gab es einen solchen Altar.[4] Er war den Besuchern immerhin eine Merkwürdigkeit, die auffiel. Aber ganz wird ein Rudiment alten Erdkults kaum irgendwo gefehlt haben; von den Spuren der so ganz in den Hintergrund gedrängten Verehrung der Ge zu Athen wüßten wir auch schwerlich etwas ohne die Fülle attischer Literatur und attischer Inschriften. Ursprünglich war natürlich am einzelnen Orte, dem einzelnen Acker, der einzelnen Flur und Landschaft die Ge eben dieser Acker, diese Flur und Landschaft, wie des einzelnen Muttererde eben die war, auf der sein Haus stand, oder noch eigentlicher der Ort, da er geboren.[5] Allmählich erst abstrahierte man und es war als Erde das ganze Heimatland gemeint und erst durch philosophische Spekulation und die genealogischen abstrakten Glieder der kosmogonischen Reihen konnte die Gestaltung einer noch darüber hinaus erweiterten Vorstellung von der Erde überhaupt beschleunigt werden.

---

[1] S. Deubner *de incubatione* 6 ff.
[2] Pausan. VII 25, 13.   [3] VIII 48, 8.   [4] III 11, 9.
[5] Daher denn bei einigen Naturvölkern der einzelne auf die Stelle, wo er geboren ist, ja nach anderen Angaben, wo er gezeugt ist, ein Recht hat.

So oder so viele einzelne Belege für vorhandenen Kult der Erde helfen uns ja nun weiter nichts.[1] Wir würden gern weiter zurück in immer ältere Zeiten vordringen. Wer die Ausgrabungen in Kreta miterlebt, braucht die Hoffnung nicht aufzugeben, daß für die „achäische" Religion noch Denkmäler gehoben und wohl gar literarische Zeugnisse entziffert werden können, die einen Kult der Mutter Erde auch dort nachweisen. Jetzt ist schon so viel klar, daß in jener Periode auf Kreta eine der späteren „großen Mutter", der Rhea-Kybele ganz analoge Göttin eine sehr bedeutende Rolle spielte.[2] Es ist bereits einigermaßen sicher, daß auch im Palaste von Knosos der Kult des obersten Götterpaares, „des Himmelsgottes und der großen Mutter alles Werdens" — so Karos Worte nach Evans[3] — eine Hauptstelle innehatte. Unter den tönernen „Idolen", die auf dem Altar von Knosos gefunden sind[4], befinden sich zwei, die sicher übermenschliche Wesen darstellen: die eine „hat die Hände an die Brüste gelegt mit dem an primitiven Idolen bis in die Donauländer hinauf üblichen Gestus der Fruchtbarkeit"[5], die andere „trägt prächtigen Schmuck an Hals, Brust und Armen, die erhobene rechte Hand ist weit geöffnet, die linke geschlossen". Hat nun Wolters, wie ich meine, recht, wenn er in der offenen und geschlossenen Hand den Gestus des „Bindens und Lösens" erkennt, so ist es doch die Walterin aller Geburt, die Nachkommenschaft gibt oder nicht: die große

---

[1] Man findet leicht vielerlei z. B. in dem Artikel Ge bei Roscher (von E. Kuhnert), bei Preller-Robert *Griech. Mythologie* 634 ff., einiges bei Gruppe *Griech. Mythologie* 384 ff. Viel ist, auch für das Griechische, zusammen getragen schon von Carl Bernhard Stark *De Tellure dea deque eius imagine a Manuele Phile descripta*, Habilitationsschrift, Jena, 1848, namentlich S. 12 ff., auch bei Piper *Mythologie der christlichen Kunst* II 52 ff. Diese Zitatennester enthalten zum Teil nur einige der Dichterstellen u. ä., deren S. 37 ff. Erwähnung geschieht.

[2] S. Karo im *Archiv f. Religionswissenschaft* VII 149 ff.

[3] A. a. O. 151. Evans *BSA* VII 29, 30.

[4] Karo S. 129.   [5] Wörtlich so Karo a. a. O. 129.

Mutter alles Werdens. Ob wir sie freilich Mutter Erde werden nennen dürfen, steht dahin. Wie oben auf eine Reihe von Spuren alten Erdkultes hingewiesen wurde, ohne daß sich hätte sicherstellen lassen, ob es sich auch um eine Vorstellung von der mütterlichen Erde handle, so ließen sich mancherlei Zeugnisse zusammentragen über den Kult mütterlicher Gottheiten. „Mutter" und „Mütter" sind von alters, hier und da bis in späte Zeit, Bezeichnungen von Gottheiten, die als der Menschen und alles Lebens und Werdens Spenderinnen verehrt wurden. Es ist für die Nachrichten aus alter Zeit, die eben nur den Kultnamen überliefern, kaum jemals ohne weiteres anzunehmen erlaubt, daß die „Mutter" auch die Erde war. Und bald hat sich der Kultname der Mutter als Beiname an irgendeine andere Göttin angeschlossen.[1] Ist doch sogar auf diese Weise in Athen eine Ἀθηνᾶ μήτηρ zustande gekommen. Auch dieser Athene ist * das Opfer der trächtigen Sau gebracht worden.

Wie weit die Muttergottheiten und die Erdgöttinnen verbunden waren, wie weit sie sich auseinanderlösten, wie sie vielfach und immer mehr sich mit ihrem Kultnamen oder Glaubensinhalt an andere vordringende Göttinnen verloren[2], ist zum größten Teile nur nach Vermutung und aus allgemeinen Voraussetzungen heraus zu entwickeln. Hier aber gilt es, Reihen von Hypothesen, die so oft schon den echten Gewinn religionsgeschichtlicher Erkenntnis zerstört haben, möglichst ganz zu vermeiden.

Man könnte dagegen wohl hoffen, für weiter verbreiteten griechischen Volksglauben Ertrag zu gewinnen aus den Überlieferungen von der Entstehung der Menschen. Aber wiederum

---

[1] Man findet vieles erörtert und belegt im Artikel *Meter* bei Roscher (von Drexler).

[2] Aus Bruchmanns Listen in den *Epitheta deorum* läßt sich ja übersehen, welche Göttinnen und in welchem Umfange sie die Bezeichnung μήτηρ u. ä. erhalten. Für wirkliche Volksreligion kann man daraus nicht ohne weiteres Schlüsse ziehen.

bleibt all das, was von der Schöpfung des Menschen aus Steinen durch eine Zauberhandlung oder aus geformtem Ton erzählt wird, besser beiseite: daß der Mensch aus irgendwelchem Erdstoff geformt und ihm dann irgendwie Leben beigebracht sei, liegt auch einem Denken sehr nahe, das mit einer Vorstellung von der mütterlichen Erde, die das Menschenkind gebiert, gar nichts zu tun hat. Es ist schon etwas anderes, wenn die ersten Menschen aus der Erde herauswachsen, wie die Kureten in Phrygien.[1] Wir werden unmittelbar an die Zusammenstellungen des ersten Kapitels (S. 18 ff.) erinnert, wenn wir von der Entstehung des Menschen aus Flüssen hören, aus Felsen oder Höhlen. Flüsse heißen geradezu $κουροτρόφοι$, ihnen werden bei der Hochzeit Opfer gebracht, und in ihnen wird das Brautbad vollzogen. Der Flußgott ist aber gar oft so selbständig als der Kinderspender vorgestellt — wenn wir an Namen wie $Κηφισόδοτος$, $Ἑρμόδωρος$, $Στρυμόδωρος$ denken —, daß wir schwerlich mit Recht den Fluß ursprünglich nur als den Vermittler zwischen der Mutter Erde und den menschlichen Eltern annehmen würden. Aber statt vieler Überlieferungen, die ich zu benutzen ablehne, ohne sie zu nennen, mag eine erwähnt sein: aus den verschieden gewendeten Reflexen des alten Spruches „Du kommst nicht aus Eich oder Fels" geht ein oder das andere Mal hervor, daß ursprünglich hier oder da an ein Kommen des Menschen aus Baum oder Fels geglaubt ward in dem Sinne, wie ich ihn glaubte bei den verschiedenen Traditionen der Naturvölker und unseren deutschen Volksanschauungen annehmen zu dürfen: $οὐκ ἀπὸ δρυὸς ἐσσὶ παλαιφάτου οὐδ' ἀπὸ πέτρης$ (Od. XIX 163). Wenn $ἐκ μελιᾶν$ die Menschen werden, so ist das ebenso bei vielen Völkern gedacht: in Skandinavien werden sie aus Askr und Embla, aus Esche und Ulme. Gewiß, es wird manch Baumgebild einst unmittelbar den Gedanken erregt haben, daß es sich als menschliche Gestalt von der Stelle be-

---

[1] Weiteres bei Preller-Robert 78 ff.

wegt habe, ein durch Zauber gewordener erster Mensch. Aber es sind auch wieder die Bezeichnungen für „Stamm", „Zweig", „Sproß" für den Menschen und sein sich „fortpflanzendes" Geschlecht bei manchem Volke so festgewurzelt, daß man darin eigentliche ursprüngliche Vorstellungen, nicht bloß „Bilder" zu erkennen geneigt sein wird.[1]

Aber das hilft uns alles nicht dazu, in das Dunkel der Vorzeiten auch nur einen Schritt weit mit Sicherheit vorzudringen. Vielleicht, daß ein Zeugnis uns von der Sprache selbst, der ältesten aller Urkunden, für das Griechische gespendet wird. Brugmann hat vor kurzem αἶα (ein ganz anderes Wort als γαῖα) als avia erklärt und als Urmutter Erde aufgefaßt.[2] Es kann natürlich weder auf scharfe Bezeichnung des Verwandtschaftsgrades der Großmutter noch auf eine reflektierte Angabe der Ahnmutter hinauskommen, sondern auf die Bezeichnung des Mütterchens, der Mutter Erde. Und etwas anderes wird das Wort voreinst nicht bezeichnet haben. μαῖα ist auch nichts anderes als das Mütterchen, und sie ist zugleich die Erde, ἰὼ γαῖα μαῖα Aischylos Choeph. 45 (schol. ὦ γῆ μῆτερ, Suppl. 890 μᾶ Γᾶ, mehrfach wiederholt, schol. ὦ μῆτερ Γῆ). Jedenfalls wird die Vermutung Brugmanns sachlich dem Leser dieser Abhandlung nicht den mindesten Zweifel wecken.

Treten wir aber endlich aus dem Schatten der Urzeit wieder in das Licht der Literatur, soweit sie direkt Zeugnisse gibt von der Mutter Erde, ohne daß wir sie erst durch Kombination gewinnen müßten. Auch außerhalb Attikas haben wir der Angaben genug. Einesteils gibt die Literatur seit Hesiod alte Sätze von der Erdmutter weiter, andererseits drängt der lebendige Volksglaube immer wieder herzu und in die Höhe. Oft ist beides nicht zu scheiden. Wenn Pindar singt (Nem. VI 1 ff.)

Ἓν ἀνδρῶν, ἓν θεῶν γένος, ἐκ μιᾶς δὲ πνέομεν
ματρὸς ἀμφότεροι

---

[1] Th. Nöldeke wies mich darauf hin.
[2] *Indogermanische Forschungen* XV 1903, 93 ff.

(Γαίας sagen schon die alten Erklärer mit Recht), so ist es die alte Lehre Hesiods (oben S. 36f.) und zugleich vielleicht ganz besonderer Glaube des Dichters, der sein Haus bei einem Heiligtum der Μήτηρ hatte. Die Gedanken des dreißigsten unter den homerischen Hymnen sind gewiß auch in hieratischer Poesie älter als diese Formulierung:

> Γαῖαν παμμήτειραν ἀείσομαι, ἠυθέμεθλον,
> πρεσβίστην, ἣ φέρβει ἐπὶ χθονὶ πάνθ' ὁπόσ' ἐστίν,
> ἠμὲν ὅσα χθόνα δῖαν ἐπέρχεται, ἠδ' ὅσα πόντον,
> ἠδ' ὅσα πωτῶνται, τάδε φέρβεται ἐκ σέθεν ὄλβου.
> ἐκ σέο δ' εὐπαιδές τε καὶ εὔκαρποι τελέθουσι,
> πότνια, σεῦ δ' ἔχεται δοῦναι βίον ἠδ' ἀφελέσθαι
> θνητοῖς ἀνθρώποισιν κτλ.

Diesen alten Glauben bekämpft auch Xenophanes nicht:

> ἐκ γαίης γὰρ πάντα καὶ εἰς γῆν πάντα τελευτᾷ.[1]

Eine solche Lehre versteht sich von selbst für Pythagoras, der mit der westgriechischen Mystik und dem Demeterkult die engsten Beziehungen hatte (s. oben S. 49, 55f.); wieweit das tradierte Symbolum (Iambl. v. P. 154) κατακάειν δὲ οὐκ εἴα τὰ σώματα τῶν τελευτησάντων mit dem Glauben an eine „Wiedergeburt" der Toten aus der Erde zusammenhing, läßt sich schwer mit Sicherheit sagen.[2] Daß es religiöse Gründe waren, die hier zum erstenmal nachweisbar in Europa[3] die Verbrennung verboten,

---

[1] Diels *Fragmente der Vorsokratiker* nr. 27 S. 55.

[2] Die Bemerkungen, die Böhm 'De symbolis Pythagoreis,' Berliner Dissertation 1905,' hierzu macht, helfen nicht weiter. Auch daß Pythagoras die überall bei Indogermanen älteste Sitte wieder eingeführt habe, ist so ausgedrückt nicht ganz richtig. Und warum tat er es denn?

[3] Den Versuch, aus der Verbreitung und dem Wechsel der Sitte des Verbrennens und Begrabens für meine Untersuchung Schlüsse zu gewinnen, habe ich völlig aufgegeben, als ich angesichts der ungeheueren Materialien meines Kollegen von Duhn die Unmöglichkeit solcher Schlüsse einsehen mußte. Höchstens läßt sich das Wiederaufkommen der Bestattung in der römischen Kaiserzeit auf den Einfluß der antik-mystischen Religionen (die ja zum Teil, wie Iamblichos zeigt, das altpythagoreische Symbolon bewahrt hatten) und des Christentums mit Bestimmtheit zurückführen.

darf man wohl sagen. Von Platon habe ich gesprochen (S. 53, 58). Die Häufung der Aussprüche würde nur lehren, was wir bereits wissen. Nur noch zwei Zeugnisse sollen Platz finden. Lactantius in den Instit div. VII 7, 9 gibt die Worte: *erravit ergo Democritus, qui vermiculorum modo putavit effusos esse (homines) de terra nullo auctore nullaque ratione.*[1] Und einen Bericht über Epikurs Lehre von der Anthropogonie, die ihr ganz besonderes Interesse hat, kann ich mir nicht versagen ebenfalls wörtlich einzufügen: Censorinus de die natali IV 9 gibt an[2]: *is* [Epicurus] *enim credidit limo calfacto uteros nescio quos radicibus terrae cohaerentes primum increvisse et infantibus ex se editis ingenitum lactis umorem natura ministrante praebuisse, quos ita educatos et adultos genus humanum propagasse.* Man lese dazu eine Stelle des Lucretius und beachte die Fassung des Gedankens V 790 ff.

> *nam neque de caelo cecidisse animalia possunt*
> *nec terrestria de salsis exisse lacunis:*
> *linquitur, ut merito maternum nomen adepta*
> *terra sit, a terra quoniam sunt cuncta creata etc. etc.*

Die Partie des Lucretius II 991 ff. erinnert uns erst recht an mannigfache allgemein griechische Formulierungen, die freilich, wie sich noch besonders zeigen wird, dem Römer ganz und gar nicht fremd waren:

> *denique caelesti sumus omnes semine oriundi:*
> *omnibus ille idem pater est, unde alma liquentis*
> *umoris guttas mater cum terra recepit*
> *feta parit nitidas fruges arbustaque laeta*
> *et genus humanum.* *

Das klingt wörtlich mit Aischylosversen zusammen (s. o. S. 40).

Philosophische Reflexion und Religion des Volkes mischte sich fortwährend. Sie mischte sich in der Mystik der pytha-

---

[1] Diels *Fragmente der Vorsokratiker* S. 397, Demokr. fr. 139.
[2] Usener *Epicurea* fr. 333 p. 225f.

goreischen, der dionysischen, der „orphischen" Kulte, die auch den Glauben an die Mutter Erde durch die Jahrhunderte bewahrten. Sie trugen ihn weiter in die Spekulation und Mystik der gnostischen Gemeinden. Und so mag denn ein letzter Ausläufer dieser geschichtlichen Linie erwähnt sein: die Naassenerpredigt, die uns bei Hippolytos überliefert ist[1], setzt ein mit dem Satz: Γῆ δέ, φασὶν οἱ Ἕλληνες, ἄνθρωπον ἀνέδωκε πρώτη, καλὸν ἐνεγκαμένη γέρας, μὴ φυτῶν ἀναισθήτων μηδὲ θηρίων ἀλόγων ἀλλὰ ἡμέρου ζῴου καὶ θεοφιλοῦς ἐθέλουσα μήτηρ γενέσθαι. Daran erst setzen die abstrusen Erörterungen weiterhin an. Mir ist von besonderem Wert die unmittelbare Beziehung auf die früher erörterte Partie der attischen Leichenrede des platonischen Menexenos p. 237 d: δεύτερος δὲ ἔπαινος δικαίως ἂν αὐτῆς εἴη, ὅτι ἐν ἐκείνῳ τῷ χρόνῳ, ἐν ᾧ ἡ πᾶσα γῆ ἀνεδίδου καὶ ἔφυε ζῷα παντοδαπά, θηρία τε καὶ βοτά, ἐν τούτῳ ἡ ἡμετέρα θηρίων μὲν ἀγρίων ἄγονος καὶ καθαρὰ ἐφάνη, ἐξελέξατο δὲ τῶν ζῴων καὶ ἐγέννησεν ἄνθρωπον, ὃς συνέσει τε ὑπερέχει τῶν ἄλλων καὶ δίκην καὶ θεοὺς μόνον νομίζει. Platon zeigt sich auch hier als der wirksamste Prophet der Lehren des Volksglaubens, die der Mystik gedient hatten oder dienen konnten. Bis zu welchem Grade bestimmte Worte der großen Schriftsteller Athens einen Glauben, der abgestorben war oder ohne sie abgestorben wäre, fortgepflanzt oder erhalten haben, wird kaum irgendwo genauer festzustellen sein.

Es gibt immerhin Zeugnisse, die ein wirkliches Leben des Glaubens an die Mutter Erde[2] in spätem Volksglauben bezeugen können. Ein Beispiel: eine apokryphe Apostellegende erzählt von

---

[1] Bei Hippolytos p. 134, 90 ff. Reitzenstein *Poimandres* 83.

[2] Wenn freilich ein Epigrammatiker in der Anthologie XI 43 solchen Glauben zu einer gesuchten Pointe benutzt

δός μοι τοὐκ γαίης πεπονημένον ἁδὺ κύπελλον,
ἇς γενόμην καὶ ὑφ' ᾇ κείσομ' ἀποφθίμενος,

so wird das literarisch herausgesucht sein. Es stammt von einem Dichter, Diodoros Zonas, der eigentlich nur ältere Motive rhetorisch verdrehen konnte. P. Wolters machte mich auf das Epigramm aufmerksam.

St. Johannes, dem Apostel, wie er beim Herannahen des Todes mit sieben Jüngern, die Schaufeln tragen, seine Behausung verläßt. Er läßt eine Grube graben, steigt hinein und sagt: „Schüttet meine Mutter Erde über mich und hüllt mich ein."[1] Wenn ein solcher Zug in eine solche christliche Apostelgeschichte eindrang, so war er im Volke kräftig lebendig. Ebendas wird bezeugt, wenn Gregor von Nazianz von der Allmutter Erde spricht, die die Toten aufnehme (Μαρτινιανὸς ἕδυ χϑόνα μητέρα πάντων), oder die Erde Γαῖα φίλη anredet und bittet, daß sie die Abgeschiedenen in ihren Schoß nehme.[2] Ein gewisses * Quantum von wirklich lebendigem Gemeinglauben sehen wir zu den verschiedensten, zumal späten Zeiten am sichersten bezeugt in zahlreichen wirklichen Grabinschriften, die von der Mutter Erde sprechen, nicht bloß den attischen, die seit der Inschrift der Toten von Poteidaia mit Vorliebe den Gedanken variieren, daß die Seele zum Himmel, der Leib zur Erde ging (oben S. 42). Nur ein paar Beispiele von wirklichen Steininschriften, die man auf wirkliche Gräber gesetzt hatte, mögen hier herausgehoben sein:

Γῆς ὢν πρόσϑε γόνος μητέρα γαῖαν ἔχω (Kaibel 606) —
Γαῖα μὲν εἰς φάος ἦρε, Σιβύρτιε, γαῖα δὲ κεύϑει σῶμα (Κ. 156) —
Πάντα χϑὼν φύει καὶ ἔμπαλιν ἀμφικαλύπτει (Κ. 438) —
Ἐκ γαίης βλαστὼν γαῖα πάλιν γέγονα (Κ. 75).

Dieser Volksglaube bleibt im großen und ganzen immer der gleiche, er kann an Lebendigkeit und Geltung verlieren und wieder gewinnen, aber einer höheren Entwickelung ist er allein, ohne andere hinzutretende Glaubenselemente, kaum fähig.

Die Entwickelung der Gottheiten aber, die die großen sind oder werden, führt natürlich vielerorten zur Aufnahme von

---

[1] Lipsius *Die apokryphen Apostelgeschichten und Apostellegenden* I 397.

[2] Eine Reihe Belege bei Piper *Mythologie der christlichen Kunst* II 59f.

Zügen der Erdgottheiten und der Muttergottheiten. Der vorherrschende Zug ist aus dem Glauben der Mutter Erde nur in einer großen Göttin entwickelt: aber dem Athener war sie schon aus dem einfachen Grunde, weil sie Demeter und nicht Gemeter hieß, als eine göttliche Person emporgehoben und losgelöst von der Erde, die er bewohnte und bebaute. Und welcher Reichtum religiösen Glaubens anderer Art hat weiterhin diese Demeter ausgestattet: was ist aus der alten rohen Vorstellung geworden bis zu der schmerzensreichen Mutter, die wir in dem Bildwerk von Knidos sehen.

Eine Mutter ist Demeter immer gewesen und in der Zweiheit, die der Kult von Eleusis entwickelte, trat die Tochter neben sie. Hier hat das einzige Mal im alten Griechenland das, was sich religiös in dem Empfinden der Mutterliebe auslöste, Gestalt gesucht. Weder Hera noch Leto noch irgendeine andere sind in dem Sinne Mutter, und das Wesentliche ist, daß jeder einzelne Diener des Kultes das μυστήριον, die Kindschaft der Göttin, für sich selbst sucht; der Gläubige und seine Gottheit werden wie Mutter und Kind. Das ist der Anfang der späterhin weltumfassenden eleusinischen Kirche. Aber Erdgöttin blieb die Göttin von Eleusis immer ihren Kindern: denn sie sollte ihnen drunten, wenn sie in ihren Schoß eingingen, neues Leben geben. So ist es auch mit der „Herrin", der „Königin der Unterirdischen" in den Geheimkulten des Westens. Nur diese Kirche und diese Gemeinden sind es, die den alten Glauben von der Mutter Erde zur Mystik gesteigert, aus mancherlei Religion und Weisheit bereichert, weiterführen durchs Altertum bis an die Schwelle einer neuen Weltepoche.

Eine Gottheit ist nicht ein einheitliches Wesen wie ein Mensch: sie hat nicht ein Prinzip, eine Herkunft, einen irgendwie einheitlichen Charakter. Das wird so oft auch von denen völlig verkannt, die es theoretisch wohl zugeben würden. Im jahrhundertelangen Werden einer Gottheit haben die unzähligen

Traditionen der Orte, wo sie einmal heimisch war, und die mannigfaltigen Stimmungen der Zeiten und Seelen der Menschen, die einmal an sie geglaubt, mitgestaltet an dem Wesen, das nun erst die lebenden Menschen einer Zeit, in ganz wenigen Hauptzügen einheitlich, schauen und glauben. Darum ist es meist so unmöglich, den Namen einer Gottheit zu deuten, weil er im besten Falle einen längst vielleicht ganz nebensächlich gewordenen Zug ihres Wesens in einer vielleicht für die Hauptentwickelung ganz bedeutungslosen Etappe ihrer Entwickelung festhält: er wird sprachlich von dem Punkt an umgeformt nach Volksaussprache, Volksetymologie, Dialektveränderung, wo dieser Name eine wirkliche Person bezeichnete und bezeichnen sollte, d. h. nicht in seiner Bedeutung durchsichtig bleiben konnte. Schon darum konnte Ge, die Göttin, die so hieß und immer die göttliche Erde bezeichnete, nie neben die großen olympischen Götter treten und blieb immer im Hintergrunde, in dem sie in frommem Schauer geschaut wurde als eine größte Göttin einer Urzeit. Irgendeine der großen griechischen Göttinnen als „Erde" zu deuten ist gerade so sinnlos wie irgendeine der großen Gottheiten als „Sonne" oder Mond oder Wind zu deuten. Es handelt sich immer nur um Ingredienzien der unendlichen Mischung der Glaubensinhalte. Weder Hera noch Leto noch Danae ist die Erde; Aphrodite nimmt besonders leicht den Zug alter Erdgottheit in sich auf, der sie als die alles in Liebesumarmung empfangende und erzeugende erscheinen läßt. War Semele in ihrer Heimat die Erdmutter, so ist sie im griechischen Mythos kaum eine Gottheit, nur die Braut des Himmelgottes geblieben, und als „Gottesmutter" im Dionysoskult hat sie es wieder zu höheren himmlischen Ehren gebracht. Daß ein Versuch über die Mutter Erde, wie ich ihn vorlege, die großen Götter zurückdrängen wolle, wird mir niemand mit Recht vorwerfen: sie werden in ihrer außerordentlich komplexen Größe erst dann verständlich, wenn Grundelemente verstanden sind, die immer und immer wieder in die großen geschichtlichen Schöpfungen des religiösen Denkens sich einfügen. Das Wesen des hellenischen Zeus, Apollon, Dionysos erläutern, hieße eigentlich die Geschichte der griechischen Religion, ja mehr als das: der griechischen Kultur schreiben. Was aber auch zu den großen Aufgaben, die ich nicht unternehme, am meisten fehlt, ist die Einsicht in das, was Volksreligion ist und allzeit sozusagen die rohe Materie abgibt für die Schöpfungen, Umbildungen und Neubildungen auch der höchsten religiösen Geister.

IV

Aus der römischen Welt hatten wir zu Beginn der Untersuchung einige versprengte Zeugnisse kennen gelernt, die erst mit Hilfe fremder Analogien zu verstehen waren. Zuzeiten war es dort jedenfalls Sitte, das neugeborene Kind an die Erde zu legen[1], das vor einem gewissen Alter gestorbene Kind nicht zu verbrennen, sondern zu begraben, den Sterbenden auf die Erde zu legen. Daß damit ein Glaube an die Mutter Erde sichergestellt ist, die das Leben gebiert und neu gebiert und wieder in ihren Schoß aufnimmt, kann für uns nicht mehr zweifelhaft sein. Ich mußte sogleich (oben S. 11) auf die bekannte Gottheit *Tellus mater* hinweisen, und es war ein Zeugnis zur Hand, das die Tellus als Walterin der Ehe zeigte. Wir konnten nicht weitere Kenntnis bei den Römern erlangen. Nachdem wir bis hierher unseren Weg gegangen sind, wird uns vielleicht hier und da weitere römische Überlieferung verständlich und lehrreich werden. Viel ist es, so scheint mir, nicht, was unsere Überlieferungen übriggelassen haben. Wohl ist die *Tellus* und *Tellus mater* im Glauben vorhanden, später häufiger die *Terra mater*. „Tellus ist", so hat vor kurzem ein Kenner römischer Religion gesagt[2], „das einzige weibliche Prinzip der ältesten Religion, die empfangende, fruchttragende Erde, die anders als weiblich nicht gedacht werden konnte. Sonst haben die Frauen in der Götterwelt der männlichen Römer gar kein selbständiges Dasein."

---

[1] Sollte mit der Sitte der offenbar volkstümlich sprichwörtliche Ausdruck zusammenhängen, der sich in dem Plautusvers *Pseudolus* 351
  Quid ais quantum terra tetigit hominum periurissume?
findet, auf den mich Wünsch aufmerksam macht (er hält mit Recht die Änderung in *terram* für unnötig)? Oder ist bloß die Berührung an den Füßen gemeint?

[2] v. Domaszewski in der *Festschrift für Otto Hirschfeld* 248.

Weiterhin hat die griechische Demeter mannigfach hineingespielt. Dedikationen an Tellus und Terra mater sind verhältnismäßig selten.[1] Der alte Kult der Tellus ist immer mehr zurückgedrängt worden, wohl nicht nur durch das Eindringen griechischer Vorstellungen[2], sondern auch aus den Gründen, aus denen die griechische Ge zurückgedrängt war. Ein, soviel ich weiß, ganz alleinstehendes Denkmal, das die Gestalt der Erdmutter in einer Aedicula thronend (mit Schleier, Ährenkranz, Zepter und Opferschale) darstellt, trägt die Inschrift *Terrae matri s. A. Hortensius Cerdo deae piae et conservatrici meae d. d.*[3] Die Erdmutter, wie sie später in Rom nach griechischem Vorbild dargestellt wurde, ist eine ganz andere. Von ihr wird noch die Rede sein.

Verhältnismäßig geringe Bedeutung haben gelegentliche Äußerungen der römischen Dichter: immerhin führen *Tellus* und *Terra* am häufigsten die Epitheta *mater* und *parens*[4]. Kaum mehr Wichtigkeit als ein dichterisches Wort hat es, wenn Livius in einer Rede bei Gelegenheit der Verhandlung, ob nach Veii übergesiedelt werden soll, aussprechen läßt: *haec terra, quam matrem appellamus* (Livius IV 54, 2). Eher ist wirklicher Volksglaube beteiligt an der Geschichte von der Gesandtschaft der Tarquinier und des Brutus nach Delphi (bei Livius I 56). Wer daheim zuerst die Mutter küßt, wird herrschen, sagt das Orakel. Brutus *velut si prolapsus cecidisset, terram osculo tetigit, scilicet quod ea communis mater omnium mortalium esset.* Und noch etwas anderes ist es, wenn im

---

[1] So sagt wörtlich Wissowa *Religion der Römer* 162. Dort Anmerkung 3 eine Reihe Belege.   [2] So auch Wissowa 161.

[3] *Bullett. della Commissione archeol. munic.* I 1872 S. 24 ff. Tafel III. CIL VI 3731. — Später erscheint auch einmal verbunden *Terrae matri Aerecurae Matri deum magnae Idaeae* CIL III 5524. Auf dem Bilde der Vibiakatakombe sitzt sie neben dem Dispater. Aerecura ist in späterer Volksdeutung unzweifelhaft, wie mir scheint, die Erzwalterin (Inschriften der Bergwerke!) und Geldwalterin.

[4] Leicht zu überblicken in Carters *Epitheta deorum quae apud poetas latinos leguntur*, Roschers *Myth. Lex. Suppl.*

Roman des Petron offenbar ganz volkstümliche Anschauung drollig gewendet wird (26, 32 ff. Büch.⁴) *terra mater est in medio quasi ovum corrotundata, et omnia bona in se habet tamquam favus.* Volkstümlich ist auch die Bezeichnung *Terrae filius*, die auch bei Petron und in Ciceros Briefen[1] vorkommt: nur wäre eine Modifikation und Spezialisierung anzunehmen in umgekehrter Richtung etwa wie sie bei dem griechischen οὐκ ἀπὸ δρυὸς οὐδ' ἀπὸ πέτρης vorzuliegen scheint. Viel wichtiger für den lebendigen Glauben sind auch hier die wirklich gesetzten Grabinschriften. Dort kommt die Mutter Erde verhältnismäßig recht häufig vor.[2] Wenn es da heißt:

> *Ereptam viro et matri mater me Terra recepit* (Bücheler *Anthologia* nr. 1544) —
> *Terra, precor, fecunda, levis super ossa residas* (1153, 5) —
> *Terraque quae mater nunc est* (1313, 3) —
> *Terra parens, tibi Fortunatae commisimus ossa,*
> *quae tangis matres* (= *matris*) *proxumitate tuos* (1039, 1 f.) —
> *Mater* (i. e. *Terra*) *genuit, materque recepit* (809) —
> *Terra mater rerum quod dedit ipsa teget* (1476) —
> *quae genuit tellus, ossa teget tumulo* (1129, 2) —
> *hanc humus excepit, leviter precor illa prematque*
> *infantem ex utero quae quoque sustinuit* (1141, 21 f.),

so hat das alles auf dem Grabstein ein ganz besonderes Gewicht: die diese Verse einhauen ließen, glaubten wirklich an eine mütterliche Erde in eigentlichem Sinn. Auch die Christen wandten diese Gedanken ruhig weiter an, höchstens wendeten sie den Satz ein wenig nach Genesis III 19. Aber man lese:

> *nam terram repetens, quae nostra probatur origo* (1423, 3) —
> *istic terrenos terrenis sedibus artus*
> *reddidit* (Büch. 734, 3 f.) —
> *Suscipe Terra tuo corpus de corpore sumptum* (Büch. 1477)

(ein oft, auch z. B. in einem Elogium auf Gregor den Großen gebrauchter Vers).

---

[1] Die Stellen und weitere Literatur *Mithrasliturgie* 144, 1.

[2] Vgl. B. Lier *Topica carminum sepulcralium latinorum*, *Philologus* 1903, S. 586 ff.

Die alten Christen, auch die griechisch redenden, sagten so. Hat doch sogar Chrysostomos in einer Homilie (de hieromart. Babyla c. 2) von dem gemeinsamen Gesetz für alle Menschen gesprochen, daß der Abgeschiedene dem Grabe übergeben und im Schoß der Allmutter Erde geborgen wird: τοῖς κόλποις τῆς
* πάντων μητρὸς γῆς.[1] Heute wird — so ging neulich durch die Zeitungen (z. B. Frankfurter Zeitung 10. I. 1905, polit. Teil, 5. Deutsches Reich) — eine Grabschrift:

Hier ruht im Mutterschoß der Erde
Christiane Wilhelmine Andreas aus Coßmannsdorf
geb. d. 18. April 1815, gest. d. 7. Januar 1904

vom Ortsgeistlichen, dem Kirchenvorstand, der Königl. Kircheninspektion in Dresden und endlich auch vom evangelisch-lutherischen Landeskonsistorium beanstandet und verboten. Die Inschrift selbst und das Verbot wird bei meinen Lesern mancherlei Gedanken wachrufen. Aber ich schreibe nicht, um ein sächsisches Konsistorium zu belehren, und kehre eilends in die freie Luft des Altertums zurück.

Daß der Mensch aus der Erde stammt, scheint gerade dem Römer ursprünglichste Anschauung zu sein. Daß *homo* und die damit identischen germanischen u. a. Wörter zu dem idg. Wort für Erde in gr. χϑών lat. *humus* gehören, hat zuerst Osthoff gelehrt.[2] Es ist jetzt wohl allgemeine Ansicht. Die Deutung „der aus, von der Erde stammende" wird für die uralte Zeit, in der der Ausdruck geprägt ist, mehr einleuchten als die Erklärung „der Irdische, Erdensohn" im Gegensatz zu

---

[1] Vgl., was ich oben S. 68 f. von der Legende über St. Johannes und die Äußerungen des Gregor von Nazianz angeführt habe.

[2] Paul u. Braune *Beiträge* III 71, zuletzt Osthoff *Etymolog. Parerga* I 221, *Indog. Forsch.* XVII 167 f. Homo und humus wurden schon im Altertum zusammengestellt (worauf mich Radermacher aufmerksam macht), Quintilian I 6, 34: *etiamne 'hominem' appellari, quia sit humo natus, quasi vero non omnibus animalibus eadem origo, aut illi primi mortales ante nomen imposuerint terrae quam sibi . . ?*

den Himmlischen.[1] Es wäre verführerisch, noch ein weiteres Zeugnis der lateinischen Sprache für die Vorstellungen einer historisch nicht mehr faßbaren Zeit in Anspruch zu nehmen, das Wort *māteries*, seitdem Solmsen einleuchtend die Ableitung von *māter* verteidigt hat.[2] Aber die Tatsachen der Sprachgeschichte müssen warnen: der Ausgangspunkt der Bedeutung ist „Kernholz", „Stammholz", und wenn man das Wort in diesem Sinne mit Theophrasts μελάνδρυον · ἡ τῆς δρυὸς μήτρα zusammenhält[3], so möchte ich diese ausreichende Erklärung nicht ins ungewisse überschreiten. Ob die spätere spezifische Bedeutung von *materies* dadurch geschaffen oder erleichtert wurde, daß man *mater* darin fühlte und an die Mutter alles Werdens dachte, wage ich nicht zu entscheiden.

Die Tellus mater lebt zweifellos bereits in uraltem Glauben. Das wird besonders auch daran deutlich, daß sie gerade in altem Brauch und Spruch mit den Unterirdischen, den *di manes* verbunden erscheint. Bei der Devotion gilt die Todesweihe *Telluri ac dis manibus*. Eine Grabinschrift kennt die Formel *Dis manibus et Terrae matri trium Corneliorum*.[4] Ähnlich wie in der Devotion ist es in der Defixion. Denn nichts anderes als eine Defixionsformel ist es, was Sueton von dem Rufe des Volkes nach des Tiberius Tode erzählt (Tib. c. 75). Die einen hatten *Tiberium in Tiberim* geschrien, die anderen hatten *Terram matrem deosque Manes* angerufen, *ne mortuo sedem ullam nisi inter impios darent*. Dasselbe kehrt wieder in der Erzählung des Aurelius Victor (Caes. c. 33) vom Tode des Gallienus: das Volk habe *Terram deosque inferos* gebeten, *sedes*

---

[1] So auch Solmsens Ansicht, die er mir freundlich mitteilt.
[2] *Berl. Philol. Wochenschrift* 1902, 1140f.
[3] S. Solmsen a. a. O. Sehr merkwürdig, daß russisch *bábka*, eigentlich „alte Frau, Großmutter", in der Sprache der Zimmerleute zur Bezeichnung eines aufrecht stehenden, als Stütze dienenden Balkens verwendet wird. Solmsen führt auch unsere Bezeichnungen *Erz-, Perl-, Schrauben-, Schriftmutter* an.
[4] Wissowa 161, 6.

impias uti Gallieno darent. Die Vorstellung und das Ritual des *mundus* zeigt allein schon, wie die Erde und die Toten zusammengehören. Man weiß, was das *mundus patet* bedeutet. In den mundus warf man vor allem die Erstlinge aller Früchte. Im Dienste der Tellus geht auch sonst der Dienst der Manen und der Erntesegen spendenden Ackerflur in eins. Nur noch eine Tatsache, die uns bedeutsamen Aufschluß gibt: vor Beginn der Ernte erhielten Tellus und Ceres gemeinsam das regelmäßige Opfer der *porca praecidanea*; sie wurde ursprünglich nur von dem geopfert, der im Laufe des Jahres eine Pflicht der Beerdigung nicht oder nicht gehörig erfüllt hatte, *qui mortuo iusta non fecisset*, nachher erst wurde der Brauch allgemein.[1] Man erinnere sich dessen, was früher (S. 50) von dem Buzygenfluch gesagt wurde, der bei der heiligen Pflugprozession dem galt, der einen Toten unbestattet liegen gelassen hatte. Die römische Überlieferung kennt auch noch den Brauch, daß angesichts der Leiche eine *praesentanea porca* der Ceres — und diese ist wohl hier wie mehrfach an Stelle der Tellus getreten[2] — dargebracht wurde. Auch den Zusammenhang zwischen Zeugen und Pflügen in altem Denken bezeugt die lateinische Sprache in derselben Weise wie die griechische. Gerade bei Plautus finden sich Belege, Asinaria 874:

fundum alienum arat, incultum familiarem deserit,
Truculentus 145:

si arationes habituris, qui arari solent, ad pueros ire meliust.

Es kann keine Rede davon sein, daß Plautus einen solchen Ausdruck nur aus dem Griechischen hätte übersetzen können, wenn er den Römern unbekannt und ungebräuchlich gewesen wäre.[3] So kann denn auch so viel später Martial mit diesem

---

[1] Wissowa 160 mit den Belegen Anm. 7.
[2] So Wissowa 161; dort auch die Zeugnisse.
[3] Vgl. Lucretius IV 1265 *vomer* = männl. Glied (man beachte die vorausgehenden Verse).

Ausdruck Pointen bewirken, deren Verständnis die Geläufigkeit der Wendung voraussetzt, IX 21:

> *Artemidorus habet puerum, sed vendidit agrum;*
> *Agrum pro puero Calliodorus habet.*
> *Dic, uter ex istis melius rem gesserit, Aucte:*
> *Artemidorus amat, Calliodorus arat.*[1]

Es wird auch bei den Italikern gar manche Gottheiten gegeben haben, die ganz oder zum Teil aus dem Glauben an eine Erdmutter ihr Wesen gebildet hatten. Voreinst haben ohne Zweifel, wie in Capua die Fülle der Funde gelehrt hat, weibliche Gottheiten, die man am kürzesten als κουροτρόφοι bezeichnen kann, mit Kindern an der Brust dargestellt, eine große Ausdehnung ihres Kultes gehabt, mag nun eine Mutter oder Mütter oder die Erdmutter gemeint gewesen sein. Von besonderer Bedeutung ist die Tatsache, daß so viele jener Figuren in Capua in einer Nekropole zutage kamen. In den letzten Zeiten römischer Religion, da sie sich mit fremden mehr oder weniger entsprechendem Glauben berührte, tauchen die Mütter sozusagen aus der Tiefe der Volksreligion in mannigfaltigen Gestalten ans Licht, und wieder ist es deutlich, daß die Mutter eben ganz lokal die Erdmutter einer bestimmten örtlich begrenzten Gemarkung oder Landschaft ist. Aber längst schon hatte auch in römischer Religion gar manche der „großen" Gottheiten manches von dem Wesen der Erdmutter in sich aufgenommen. Die Venus genetrix hat viel davon; ich brauche nur an das Prooemium des Lucretius zu erinnern. Die Venus felix, die Fortuna[2], so manche Stadtgöttin erben mit. Freilich mischt sich nun Griechisches hier überall mit ein. Die Dea Dia der Arvalbrüder ist ursprünglich gewiß eine Erdgottheit, die Bona dea wird ganz nach griechischem

---

[1] Vgl. IX 2, 7f.:
> *Empta tibi nox est fundis non tota paternis,*
> *Haud sua desertus rura sodalis arat etc.*

[2] S. besonders die Angaben bei Wissowa 209.

Geheimkult, wie sie in den Feiern der Demeter, des Dionysos
u. a. üblich waren, verehrt.¹

Mit einer Sicherheit, wie sie selten in solchen Dingen zu gewinnen ist, erkennen wir, wie aus griechischer Mystik heraus noch einmal wieder die Verehrung der Mutter Erde zu einer ganz außergewöhnlichen Bedeutung erhoben wird. Das Ritual des großen Säkularfestes des Augustus richtete sich nach sibyllinischen Orakeln. Wir kennen die Akten dieser heiligen Begehungen heute genau. In den Nächten vor den drei großen Festtagen hatte Augustus selbst in Gegenwart der Fünfzehnmänner an dem Altar der Unterirdischen (des Dis und der Proserpina) Opfer zu bringen, in der ersten Nacht den Moiren, in der zweiten den Eileithyien, in der dritten der Mutter Erde.

Fertilis frugum pecorisque Tellus
spicea donet Cererem corona;
nutriant fetus et aquae salubres
et Iovis aurae

läßt der Festdichter im Prozessionslied singen. Daß auch die Mutter Erde gemeint ist, die die Ehen mit Kindern segnet, leidet nach dem ganzen Ritual und den kaiserlichen Absichten keinen Zweifel. Die Ara Pacis, die 13 gegründet und 9 v. Chr. geweiht wurde, zeigt auf dem Zentralrelief ihrer Rückseite die Mutter Erde² — es ist die Mutter Erde nach der Darstellung griechischer Kunst³; eine römische Mutter Erde ganz anderer Gestalt war uns oben begegnet — von den ihr gegenüber an Größe und Bedeutung weit zurücktretenden Gestaltungen des Meeres und der Lüfte umgeben⁴, genau nach den Worten des Horatius, die freilich wohl ihrerseits schon eine Grundlage in

---

[1] S. *Philologus* LII 8 ff.

[2] Neben der Mutter Erde sind zwei kleine Kinder dargestellt, in ihrem Schoß liegen Trauben, Äpfel, Nüsse, neben ihrem Sitze heben sich Ähren und Blumen, vor ihr liegt ein Kind und weidet ein Schaf.

[3] Petersen *Röm. Mitt.* XV 1900, 165.

[4] S. Petersen *Ara Pacis* 48 ff.

den Formeln einer Liturgie gehabt hatten. Pax ist in den großen Feiern des Altares fast nur wie ein Exponent der befriedeten Erdmutter gewesen, und ihr hat vor allem deren Ritual gegolten. Der Panzer des Augustus von Primaporta zeigt auch die Erdmutter mit den Kindern: die Darstellungen ringsum haben den augenfälligsten Zusammenhang mit dem Säkularritual, aber doch kann aus bestimmtem Grunde das ganze Relief nicht vor der siegreichen Rückkehr des Augustus aus Gallien und Spanien vollendet sein.[1] Es stellt den Friedenskaiser dar auf dem neuen Höhepunkte seines Lebens, ich darf es als Vermutung immerhin aussprechen[2], vielleicht gerade den, der an der Ara Pacis der Mutter Erde opfert. Aber es sind nur einzelne besondere Tage, da die Mutter aus dem geheimnisvollen Hintergrunde in den Glanz öffentlichsten höchsten Kultes tritt. Sie tritt doch bald und stetig zurück hinter die großen kapitolinischen und palatinischen Gottheiten, wie sie in den vorangegangenen Zeiten hinter Ceres oder Venus oder Fortuna oder auch hinter die Magna Mater zurückgetreten war.

---

[1] v. Domaszewski *Strena Helbigiana* 50 ff.

[2] An anderem Orte will ich sie begründen. Ich bin überzeugt, daß die Barfüßigkeit dieses Augustus so wenig wie die des Agrippa auf dem bekannten Relief aus Ravenna, auf dem ein Opfer dargestellt ist (Conze *Die Familie des Augustus, ein Relief aus S. Vitale zu Ravenna*, Halle, 1867, S. 11 ff.; die ganze Haltung und Kleidung der Gestalt ist genau die gleiche wie des Augustus von Primaporta), als „Beimischung heroischen Kostümes", wie es bisher geschieht, erklärt werden darf sondern daraus, daß der Betreffende an einer heiligen Opferhandlung teilnimmt oder aber heiligen Boden betritt. Es sei vorläufig auf solche Beispiele, wie sie Kretschmer in den *Österr. Jahresheften* V 1902, 145 oder Böhm *De symbolis Pythagoreis* 9 f. geben, verwiesen. In den Sphären, aus denen die rituellen Vorschriften für das Säkularfest stammen, ist auch dieser Ritus zu Hause.

V

Die große Mutter, die ich eben erwähne, habe ich bisher weder bei der Betrachtung griechischer Entwickelungen noch bei dem Überblick über römische Überlieferungen genannt. Sie ist früh nach Griechenland gekommen, schon der Demeterhymnus zeigt, wie sie der Religion von Eleusis angegliedert ist, wenn auch sehr äußerlich als die Botin *Ῥείη*.¹ In einem liturgischen Gesängen nachgebildeten Liede der euripideischen Helena (1301 ff.) tritt sie geradezu an die Stelle der Demeter.
* Und so ist es sehr verständlich, daß die $\mu\varepsilon\gamma\acute{\alpha}\lambda\eta$ $\mu\acute{\eta}\tau\eta\varrho$ aus Asien in vielfachen Mutterkult in Griechenland eindrang oder ihn an sich zog. Der Orgiasmus ihres Dienstes mischte sich vor allem mit dem des Dionysos. In Rom hielt die große Mutter mit ihrem Fetisch, der aus Pessinus stammen sollte, im Jahre 204 ihren Einzug, und auch da war es nur natürlich, daß mancherlei Mutterglaube und Erddienst von ihr, der mächtig vordringenden, erobert wurde. Aber dort wurde sie kaum jemals in weiteren Kreisen für die Menschenmutter gehalten, und es wird kaum Zeugnisse dafür geben, daß Menschen im frommen ursprünglichen Glauben ihr das eigene Leben oder das ihrer Kinder gedankt hätten. Wohl wird sie hier und da einmal direkt als „Erde" bezeichnet und sie wird mit der Erdgöttin zusammengestellt und verglichen, sie hat Heiligtümer da und dort an Erdschlünden.² Bemerkenswerter ist, daß sie auch noch an einigen Orten als Herrin der Gräber gilt.³ Aber sie war doch eigentlich nur die Göttermutter; nicht die Göttin des fruchtbaren Ackerfeldes, sondern die wilde

---

* ¹ *Philologus* LII 7.   ² Belege bei Roscher *Myth. Lex.* II 1, 1642.
³ z. B. in Smyrna *CIGr* 320. 3286 u. ö.

Bergmutter. Kreta und Kleinasien, Phrygien und Lydien vor allem waren die eigensten Stätten ihres Kultes. Den höchsten Gott hatte sie in den Schluchten und in der Wildnis der Berge geboren und gesäugt, sie bändigt die gewaltigen Tiere der Wildnis, die Löwen sind wie Hündchen vor ihr, der Gewaltigen, der πότνια θηρῶν. Im brausenden Bergwald, auf den Gipfeln der Felsgebirge wohnt sie und zieht sie einher in den Orgien des Sturmes. Um sie sind allerlei phallische Gestalten, die aus der beregneten Erde geschossen sind (Kureten, Korybanten)[1]: mannweiblich war sie gedacht, die in sich selber zeugt, oder es wird ihr Sohn ihr Geliebter. Die mannigfachsten kultischen und mythischen Traditionen hängen sich an sie. Man sieht noch leicht, wie die Namen, nach den Gebirgen gegeben, viele Bergmütter unterscheiden lassen: die Dindymene, die Idaia, die Berekyntia, die Sipylene. In Phrygien hieß sie einfach *Mā* Mutter. Man kann am Sipylos oder auf dem Tmolos diesen Glauben verstehen lernen. Hier aber brauche ich nicht fortzufahren, um deutlich zu machen, daß dort kaum etwas von der Volksreligion der Mutter Erde zu finden ist, die ich suche. Trotzdem werden sich in Griechenland und in Rom jahrhundertelang die Bedürfnisse vieler, die eine „große Mutter" suchten, die ihren Kindern helfe, an sie gewendet haben, die denselben verheißungsvollen Namen trug wie Demeter und Tellus mater.

Es gibt noch eine letzte Etappe in der Geschichte der Mutterreligionen des Altertums, wenn ich so sagen darf. Aus Ägypten kam die Allgöttin Isis. Sie war dort schon die „Gottesmutter", die „große Mutter": das waren Hauptepitheta; sie war „die das Leben spendet", „die Herrin des Lebens"[2], die Schützerin der Gebärenden und der Kinder; sie war die Spenderin des Getreides; sie hieß direkt „der angebaute Erdboden", „die Schöpferin der grünen Saaten, die allen Menschen

---

[1] S. die bei Preller-Robert 641 angegebenen Überlieferungen.
[2] Brugsch *Religion u. Myth. der Äg.* 647 ff., 649 ff.

das Leben spendet"[1]; sie war die Herrin der Unterwelt und die Schützerin der Toten. Sie ist noch ganz anders in der griechisch-römischen Welt eine Trägerin des immer noch und immer wieder lebendigen Glaubens an eine Menschenmutter Erde geworden. Aus der unendlichen Fülle von Belegen, die für Isis, die Menschenmutter, viel zahlreicher vorliegen als für Demeter, Ge meter oder Tellus mater, sei nur auf einige hingewiesen. Sie war μήτηρ, mater, καρποτόκος, frugum parens, griechisch recht eigentlich die κουροτρόφος, lateinisch puellaris, educatrix, sie trug die Ähren am Haupte und das Füllhorn im Arm. In der Isisprozession, von der Apuleius erzählt, trägt ein Frommer
* ein aureum vasculum in modum papillae rotundatum de quo lacte libabat (XI c. 10). Bei eben diesem Apuleius (XI 5) wird
* Isis angebetet als rerum naturae parens, Athenagoras 28, 2 Schw. Ἴσιδος, ἡ φύσιν αἰῶνος, ἐξ ἧς πάντες ἔφυσαν καὶ δι' ἧς πάντες εἰσίν ... In einem Hymnus (bei Kaibel epigr. 1028) heißt es:

ἅδε γενέθλας
ἀρχὰν ἀνδρὶ γυναῖκα συνάγαγον εὖ τε, σελάνας
ἐς δεκάταν ἀψεῖδα, τεθαλότος ἄρτιον ἔργου
φέγγος ἐπ' ἀρτίγονον βρέφος ἄγαγον.

Sie wird direkt Γένεσις genannt.[2] Bei Plutarch (de Is. et Osir. c. 38) heißt es einmal, die Erde, soweit sie vom Nil befruchtet werde, halte man für den Körper der Isis. Sehr bedeutsam ist eine Tradition, die in vielfachen Reflexen bei antiken Schriftstellern vorliegt, daß Isis ägyptisch „Erde" bedeute. Servius zu Vergils Aeneis VIII 696 (Thilo II 302) überliefert *Isis autem lingua Aegyptiorum est Terra, quam Isin volunt esse*, Macrobius Sat. I 20: *Isis vel terra vel natura rerum subiacens soli*.[3] Das Wichtigste aber ist, daß der Isiskult Liturgien und Sakramente entwickelte wie die anderen großen Mysterienkulte der späteren alten Welt; und hier spielte denn auch die Wiedergeburt von der Mutter alles Lebens ihre bedeutsame

---

[1] Brugsch a. a. O.   [2] s. Reitzenstein *Zwei religionsgesch. Fragen* 106.
* [3] Vgl. auch Firmicus Mat *de err. prof. rel.* c. 2 p. 77, 20 Halm.

Rolle.[1] Ein fortwährendes Nehmen und Geben hin und her hat namentlich zwischen den Demetermysterien und Isismysterien stattgefunden: Isis wird Demeter und Demeter wird Isis. Gerade Isis hat für zahllose Gläubige in den letzten Jahrhunderten des Altertums, für die Demeter nicht viel oder nichts mehr sein konnte, die Gedanken von der Menschenmutter religiös vielfach vertieft und verfeinert und vieles von der Volksreligion der alten Mutter Erde von neuem aus der Tiefe geholt und wirksam gemacht. Sie hat am längsten von allen antiken Gottheiten sich gehalten, als das Christentum gesiegt hatte.[2] Sollte das mit darin seinen Grund haben, daß sie allein unter den mächtigen mystischen Diensten der Zeit dem Gläubigen eine Mutter werden konnte und die religiösen Kräfte, die in dem Glauben an eine schützende und helfende große Menschenmutter so vielfach verborgen liegen, ausgelöst hatte? Das Christentum hatte keine Mutter der Menschen; allmählich erst gestaltete das Bedürfnis wiederum eine Gottesmutter. Mehr war christlichen Überlieferungen auf die Dauer nicht abzuringen.

Wir übersehen die Entwickelungen innerhalb der antiken Religion, die zu einer Gestaltung der mütterlichen Erde in großen Kulten geführt haben. Es ist die Demeterreligion, die Religion der „großen Mutter" nur in eingeschränktem Sinne, die Isisreligion für die letzten Jahrhunderte. „Religion" darf man wohl sagen: denn für unzählige Gläubige der Demeter war die Verehrung ihrer eigenen göttlichen Mutter, für die Anbeter der Isis der Dienst der mütterlichen Weltgöttin ihre innerste eigentliche Religion. Immer handelt es sich in diesen Kultgestaltungen um „Mysterien", d. h. das sakramental erlangte und gesicherte Verhältnis des einzelnen zu seiner gött-

---

[1] Einstweilen s. die kurze Darlegung *Mithrasliturgie* 162, 203. Es ist hier nicht weiterzukommen, bis die Bilder aus Herculaneum und Pompei, die im Zusammenhang mit dem Isiskult stehen (es sind auch im letzten Jahre wieder bedeutsame neue hinzugekommen), zusammengestellt, publiziert und interpretiert sind.

[2] s. Wilcken *Archiv f. Papyrusforschung* 1 396 ff.

lichen Mutter ist Kern und Ziel der Begehungen. Und soweit auch der Demeterkult von Eleusis schon im 5. Jahrhundert sich ausdehnte und eine innere Macht über die Seelen ausübte wie kein anderer Kult, so tritt doch auch hier der Glaube an die göttliche Mutter gegenüber den anderen großen Kulten Athens in einen geheimnisvollen Hintergrund zurück, ähnlich wie die Mutter Erde überall da, wo sie nur in der Volksreligion lebt, zurücktritt hinter andere große Gottheiten. Die Seele des Aischylos ist genährt von der Göttin von Eleusis; aber er ist der mächtigste Prophet des Glaubens an den allmächtigen Zeus. Wir können nicht einmal sagen, wieweit alle die tiefsten und mächtigsten Empfindungen lebendig geworden sind, die ein religiöses Vertrauen auf die Mutterliebe, auf Erden schon die stärkste und treueste, auszulösen vermag, wenn sie einer Göttin eigentlichste Kraft wird. Es ist unmittelbar verständlich, daß hier eine Quelle religiösen Empfindens von unermeßlicher Tiefe und Kraft verborgen war. Selbst wenn die Geweihten von Eleusis nie etwas von diesem Empfinden ausgesprochen hätten, würden wir nicht sagen dürfen, daß sich nichts davon in ihnen geregt habe. Was geschrieben steht, sagt so oft nur das Äußerlichste und Roheste einer Religion aus. Die Liturgien von Eleusis werden im wesentlichen geblieben sein, wie sie anfangs waren, auch als sich die religiösen Gedanken verfeinerten und vertieften. Aber der Eindruck wird doch nicht ganz falsch sein können, daß die Sakramente des Mutterkultes im wesentlichen darauf hinausgingen, den Gläubigen ein zweites Leben drunten bei ihrer Göttin zu sichern. Wer ins Antlitz der Demeter von Knidos sieht, mag sich vorstellen, daß bis zum 4. Jahrhundert die religiöse Vorstellung von der Mutter tiefer und innerlicher geworden sei, daß sich Elemente entwickeln, die man — meist gedankenlos — sittliche zu nennen liebt. „Die Idee der Mutter ist es", sagt Brunn bei Gelegenheit der Behandlung des eben genannten Bildwerkes[1], „der Mutter, die

---

[1] *Griechische Göttersideale* 45.

ohne Gatten nur für ihr Kind lebt, die ihr Kind dahingeben muß und von Sehnsucht nach ihm erfüllt bleibt, von einer Sehnsucht, die auch durch zeitweiliges Wiedersehen nicht gestillt, nicht vertilgt werden kann." „In den Zügen des Antlitzes mischt sich mit einer unaussprechlichen Weichheit und liebevollen Milde der Ausdruck eines durch die Zeit zwar gemilderten, aber nicht vertilgten Schmerzes, einer sehnsuchtsvollen Wehmut." Brunn hat recht, an die schmerzensreiche Mutter der christlichen Religion zu erinnern, und in unvergeßlichen Worten hat er gerade dort ausgesprochen, daß das Ewige in der Kunst nicht das Dogmatische ist, sondern das allgemeine, im höchsten Sinne Menschliche. Wie viel man auch der besonderen Persönlichkeit des Künstlers dieser Statue — sie war ein Kultbild — zuschreiben mag, immerhin bleibt es bedeutsam genug, daß in der ersten Hälfte des 4. Jahrhunderts die göttliche Mutter so tief erfaßt werden konnte.[1] Es mag wohl für die Entwickelung der Demeterreligion bedeutsam gewesen sein, daß in den letzten Jahrzehnten des 5. Jahrhunderts und der ersten Hälfte des 4. die Frau in Leben und Kunst eine ganz andere höhere Bedeutung gewinnt denn vorher.[2] Und wir erkennen, wie im 5. Jahrhundert schon viel

---

[1] In einem Relieffragment aus dem Vatikan, das Gaia darstellt, wie sie das Kind der Athene emporreicht — denn daß die Erichthoniosgeschichte zunächst dargestellt ist, scheint ganz sicher —, meine ich an der Gaia, in Gesicht und Haltung der Hand, einen ähnlichen Zug bekümmerter Sorge und Liebe zu erkennen. Jedenfalls ist das die Mutter Erde, wie sie sich Griechen damals (das Original setzt Amelung gegen Ende des 5. Jahrhunderts) gedacht haben. Darum ist die Abbildung des Stückes auf das Titelblatt gesetzt worden, nach einer Photographie, die ich meinem Freunde Amelung verdanke. Weiteres über das Denkmal in Amelungs *Skulpturen des Vatikan. Museums* I S. 747 f., Abbildung im Atlas Tafel 81 nr. 643.

[2] Ich verweise auf die kurzen Ausführungen bei v. Wilamowitz in der Einleitung zu der Übersetzung des *Opfers am Grabe* S. 139 ff. und den Aufsatz von Ivo Bruns *Die Frauenemanzipation in Athen*, jetzt *Vorträge und Aufsätze* 154 ff., obwohl ich mit recht vielem, was in der letzterwähnten Abhandlung ausgeführt ist, nicht einverstanden sein kann.

länger die Mutter immer höher gehalten wird in der Schätzung der Menschen: der Muttermord kann nicht mehr ungesühnt bleiben, auch wenn ihn Apollon befahl und leitete, das lehrt die Orestie. Theorien, daß das Kind das Wesen nur seines Vaters erbe und durch den Leib der Mutter nur hindurchgehe, zeigen die eine negative Seite einer bewußt erörternden Diskussion über den Wert der Mutter. Im übrigen bleibt es klar, daß in jenen Zeiten die Zeusreligion und die Apollonreligion die eigentlichen sozusagen öffentlichen Träger einer staatlichen und sittlichen Weiterentwickelung hellenischen Glaubens waren.

Wenn wir auch weiterhin mehrfach beobachten werden, wie die Kulte der Muttergottheiten zurücktreten und zurückgedrängt werden von den Kulten der Vatergottheiten, so weiß ich, daß viele von Mutterrecht und Vaterrecht reden würden. Es kann nichts sicherer sein als das, daß lange, lange ehe wir geschichtlich von griechischem Leben etwas wissen, eine Periode vorüber war, in der Promiskuität der Geschlechter, Gruppenehe, kurz alles, was ein Mutterrecht bedingt, überhaupt möglich gewesen wäre. War doch der Himmelsvater, wie Djaus pitar Ζεὺς πατήρ Iupiter beweisen, bereits vorhanden, waren doch die Verwandtschaftsnamen in bestimmt patriarchalischem Sinne ausgestaltet (woran auch *avunculus* nichts ändert), ehe sich die besonderen Stämme der Griechen und Italiker gestalteten.[1] Die von Anfang unserer Literatur vorhandenen Ausdrücke πατρίς, *patria* würden allein eine bedeutsame Instanz darstellen. In der Zeit, da die Probleme gelöst wurden, die in der Orestie wiederklingen, war seit vielen Jahrhunderten Monogamie

---

[1] Dies alles und das oben Folgende war geschrieben, ehe ich von Protts hinterlassene Aphorismen über diese Dinge kennen lernte. Sie werden demnächst im *Archiv für Religionswissenschaft* veröffentlicht werden. Ich möchte nicht, daß ich gegen diese Seiten zu polemisieren schiene. Daß ich mich jeder Art von Hypothesen, wie sie dort das Wesentliche waren, durchaus enthalte, auch wenn sie noch so wahrscheinlich sein sollten, zeigt meine ganze Darlegung.

selbstverständlich. Die Mutterreligion, die in Zeiten, da Mutterrecht gilt, etwa beobachtet werden kann — das werden wir im folgenden Kapitel sehen —, besteht in sexuellen Riten, im brünstigen Kult des Phallus und des Cunnus. Das sind die Anfänge; aber freilich auch in den Mutterkulten geschichtlicher antiker Religion hören diese Dinge niemals ganz auf zu den Ingredienzien der Mysterien zu gehören. Sie sind ἄρρητα geworden.

Mit Mutterrecht und Gruppenehe hat es gar nichts zu tun, wenn immer wieder der Mutterkult von dem Vaterkult im Laufe der hellsten geschichtlichen Entwickelung zurückgedrängt wird und am Ende der Bewegungen der reine Vaterkult, wenigstens gewissermaßen offiziell, siegt. Es war eine bedeutsame Wendung auch für weite Strecken religiösen Denkens in der griechischen Welt, als die Stoiker den einen sorgenden Vatergott zu lehren begannen, den Allmächtigen, Schöpfer Himmels und der Erde. Es war die religiöse Kraft des semitischen Orientes, die in ihnen wirkte. Und merkwürdig genug ist es, wie früh sich mit den Gedanken der Stoa die große mystische Bewegung anfüllte, die, rund gesagt, seit Alexander in der hellenistischen Welt immer stärker und weiter sich ausdehnte: die Mystik hatte sich an Eleusis und mehr noch an den pythagoreisch-dionysischen Kulten des Westens genährt; der große Gott war Dionysos und sein Prophet in vielen Denominationen der gleichartigen Kulte, Orpheus. Wohl gab es dort Muttergottheiten, ja eine ganze Anzahl außer Demeter: Antaia Mise Physis und viele andere[1], aber alles ist überwuchert von den wilden Sakramenten des Dionysos. Die stille Mütterlichkeit der Demeter, wie sie einst in Eleusis gewesen war, ist übertönt von den rauschenden Orgien des zerrissenen und auferstandenen Gottes, der aus nordischen Bergen

---

[1] Man lese nur, wie in dem Hymnenbuche Προθυραία, Νύξ, Φύσις vor allem, Ῥέα, Ἥρα, Μήτηρ θεῶν, Φερσεφόνη, Δημήτηρ Ἐλευσινία, Μήτηρ Ἀνταία, Μίση, Ἵππα, Ἀφροδίτη gepriesen werden.

wie ein religiöser Wahnsinn über Griechenland gefahren war, und der Mütter, wie sie aus den Schluchten asiatischer Berge immer wieder neu ins weite Land hervorbrachen. Freilich trat auch wohl in dem eigentlichen Kult der großen Mutter gelegentlich Attis in den Vordergrund: blieb er seit Einführung der Magna Mater in Rom ganz im Hintergrund, so war er in dem Feste, das Kaiser Claudius auf dem Palatin genehmigte, durchaus die Hauptperson. Der phrygische Sabazios war in seinem Kulte von vornherein der Herrschende, der Gott und der Vater. Neben Isis tritt zeitweise sehr mächtig und in eigener religiöser Kraft Sarapis, der Vater, der Weltengott. Freilich hat Isis ein zäheres Leben in den Seelen der Menschen — auf das Warum ist unsere ganze Untersuchung eine Antwort. Wie der große Sonnengott Helios alle anderen Götter in sich sammelt (die Mondgöttin als solche in gleicher Allgemeinheit spielt doch nur neben und unter ihm ihre Rolle), wie Sol invictus römischer Reichsgott wird, wie er der Allgott und Vatergott Iulians wird, das alles bestätigt das immer stärkere religiöse Vordringen des männlichen allmächtigen Vaters. Die zwei großen Religionen, die schließlich den Entscheidungskampf um die Weltherrschaft kämpfen, haben nur männliche Götter und kein göttliches Weib, nicht einmal neben und unter den Göttern: Mithrasdienst und Christentum. Beide kommen aus dem Orient; der Mithrasdienst war zudem im Beginn fast nur Soldatenreligion, und das Weibliche hat bei ihm weder göttlich noch menschlich eine Rolle gespielt und doch konnte der männlichste der Kulte, wenn man so sagen darf, in jenen Zeiten, da es sich um die Entscheidung über die Religion der Welt handelte, beinahe den Sieg gewinnen. Hinter dem Christentum stand das Judentum mit seinem starren „männlichen" Monotheismus, vor ihm her ging die griechische Bibel (Alten Testamentes), die ungeheure Wirkung tat: da gibt es nur erbitterte Ablehnung der großen Göttinnen des Orientes, der Astarte und ihrer Verwandten. Der Geist des alten Christentums negiert in seinem innersten und konsequenten Wesen Ehe und Mütterlichkeit.

Das ist, nicht in gerader Linie, aber in allerlei Hin- und Herbewegung und Kreuz- und Quergängen, wie das bei geschichtlichem Werden für unsere Augen immer sein muß, in der Tat eine große Entwickelung von der Mutterreligion zur Vaterreligion. Einer der ältesten religiösen Gedanken der Völker, wir dürfen wohl sagen der Menschheit, ist der Glaube an eine Mutter Erde; das ist relativ älteste Volksreligion, soweit wir erkennen können — wenn meine Darlegungen im ersten Kapitel recht haben. An den Glauben an eine gebärende und wiedergebärende Erde setzen in Griechenland in ihrer Entstehung die Mysterien an, die den einzelnen als Kind mit seiner Mutter verbinden und ihm im Sakrament ein weiteres Leben verbürgen. Alle großen Religionen, die in den letzten Jahrhunderten der alten Welt um den Sieg, zugleich um die neue Welt ringen, sind Mysterienkulte in dem Sinne, wie ich ihn fasse; auch die siegende Religion, das Christentum. Höchste Vatergötter gab es in den entwickelten antiken Religionen längst und vielfach: die großen Götter waren die Väter in dem Sinne des Lichtgottes, des allmächtigen Schöpfers, des sorgenden Herrn seines Hauses. Nach Analogie der Muttermysterien setzt nun aber auch hier das religiöse Bedürfnis ein, mit dem Vater in das feste sakramentale Band zu treten, sein Kind zu werden und seiner väterlichen Sorge gewiß zu sein. In verschiedenartigster paralleler Entwickelung siegen schließlich auf der ganzen Linie die Vatermysterien: die Zweiheit von Vater und Sohn dient in ihren wesentlichen religiösen Formen auch nur dem sakramentalen Ziele, Bruder zu sein des Gottessohnes, eins zu sein mit ihm und so eins zu sein mit dem Vater, Gotteskindschaft zu erwerben und das ewige Leben bei ihm. „Abba, lieber Vater" — „Unser Vater", das ist das Höchste, was nunmehr religiös nach ihrem Glauben die Menschheit erreicht hatte.

VI

Nachdem wir die Hauptphasen überblickt haben, in denen sich der mächtige Glaube an eine Mutter Erde innerhalb der geschichtlichen Entwickelung antiker Religion mannigfach wirksam erwiesen und immer wieder aus den unerschöpflichen Tiefen der Volksreligion emporgedrängt hat, müssen wir noch einmal zu einer in ganz besonderem Sinne ursprünglichen Vorstellung zurückkehren, die bisher nur mit Mühe in unseren Betrachtungen beiseite zu halten war. Das Männliche, Zeugende, das dem weiblichen empfangenden Erdenschoß gegenüberstand, tritt selten in ursprünglichen Anschauungen, soviel wir bisher beachten konnten, als eine machtvolle Gottheit, vor allem nicht einheitlich innerhalb der verschiedenen Volksreligionen hervor. Die empfangende Mutter ist immer dieselbe, die Erde: der zeugende Vater ist immerhin erst verhältnismäßig spät der Himmel. Er ist recht häufig der Sonnengott. Vielfach ist es dem einfachen Denken unmittelbar selbstverständlich, daß der Regen, der die Erde befruchtet, der männliche Same, daß der Lichtstrahl das zeugende Glied sei. Eben dies unmittelbare Denken denkt aber durchaus nicht unmittelbar zu dem zeugenden Glied einen Gott, dem es gehöre. Es ist selbst der Gott. Bleibt aber die Mutter Erde immer dieselbe und eine einzige — denn die Abstraktion, daß die verschiedenen Felder und Äcker doch einen mütterlichen Erdenschoß ausmachen, ist sehr früh, soweit ich sehen kann, überall da bereits vollzogen, wo wir zu beobachten die Möglichkeit haben —, so ist der zeugenden Glieder Zahl unendlich. Es ist ein ähnlicher Vorgang im religiösen Denken wie bei dem Blitz. Ursprünglich ist jeder Blitzstrahl — der nebenbei auch vielfach als zeugender Strahl aufgefaßt worden ist —

ein Augenblicksgott.[1] Erst fortschreitende Abstraktion faßt die Blitzstrahlen als verschiedene Handlungen eines Gottes zusammen und weist das alles als Wirkungsgebiet einem Gotte zu. Die Zeugungen, die die Erde befruchten, sind unendlich an Zahl: ihre göttlichen Bilder, die Phallen, werden in beliebiger Vielheit gedacht und verehrt — wie dem einzelnen Blitz der Fetisch des Meteorsteines entspricht, so der einzelnen Zeugung der phallische Stein, der Klotz, der in der Erde steckt —, bis dann „der Phallos" es ist, der als der Bewirker aller Zeugung in einem einzelnen Abbild angebetet wird, auch ehe bewußt der Prozeß der Abstraktion sich vollzogen hat. Es gibt dann weiterhin gar manche „phallische" Götter, an die die alte Vorstellung sich angliedert, und eine große Zahl dämonischer Wesen, denen als eine Haupt- oder Nebeneigenschaft „phallische" Natur zukommt. Ihre Zahl ist in manchen „Mythologien" so ungemein groß, daß man die ursprüngliche Bedeutung des heiligen Phallos kaum überschätzen kann. Und doch ist es in sehr vielen Fällen unrichtig, alle Götter oder Dämonen, die in einem Zuge ihres Wesens oder auch im Namen solche Beziehungen deutlich verraten, als ursprünglich den Phallos selbst zu deuten. Man könnte leicht auf diesem Wege zu einem unabsehbaren Panphallizismus gelangen. Auch Kaibels Aufsatz über die δάκτυλοι Ἰδαῖοι[2] gerät mannigfach auf solche Wege: aber er gerade lehrt, welche Bedeutung phallische Wesen auch in griechischen Kulten und Mythen gehabt haben. In der Tat ist die Sonderexistenz oder vielmehr die Präexistenz des Phallos in primitiver Religionsanschauung deutlich erkennbar.[3] Es ist sehr bedeutsam, daß z. B. noch die große Mutter von einem ganzen Thiasos von phallischen Wesen umgeben ist: zur einen Mutter gehören die unzähligen Phalloi, die in ihr ihre Zeugungen bewirken, wie Scharen

---

[1] Usener *Rhein. Mus.* LX 1905, 29.
[2] *Nachrichten d. Gött. Ges. d. Wiss. Phil.-hist. Kl.* 1901, 488 ff.
[3] Kaibel 515.

kleiner Dämonen neben ihr, der einen großen Göttin. Ob diese Anschauung primitiver Religion einmal mit den Zuständen eines Mutterrechtes oder der Gruppenehe mag zusammengehängt haben, wage ich nicht zu untersuchen: verständlich wird sie auch ohne das aus den oben ausgesprochenen Gedanken. Es kommt hier nicht darauf an, die außerordentlich weite und dauerhafte Geltung phallischer Gestalten zu verfolgen: nur insoweit die Vorstellung von der Mutter Erde unmittelbar mit ihnen verbunden ist und ohne sie nicht völlig begriffen würde, gilt es, in dies weite und wichtige Gebiet einen Einblick zu tun. Es muß hier auch noch einigemal gestattet sein, über den Kreis der antiken Völker hinauszublicken.

Bei wilden Völkern sind die mannigfaltigsten Bräuche beobachtet worden, die penis und vulva als magische Agentien der Fruchtbarkeit aller Art in eine rituelle Aktion setzen; es kann in etlichen Fällen ein Zweifel nicht sein, daß die Befruchtung der Erde durch mimische Ausübung der Begattung dargestellt werden soll. Erntefeste werden mit Anwendung figürlicher Darstellungen von penis und vulva, Selbstentblößung der Frauen, Gebrauch obszöner Ausdrücke und dergleichen mehr gefeiert. Mag ein bestimmtes Beispiel einen Begriff von diesen Begehungen geben. Von einem australischen Stamme wird folgendes bezeugt. Um die Mitte des Frühlings, wenn die Yams reif sind, wenn die Jungen aller Tiere zahlreich und Eier und andere Nahrungsmittel vorhanden sind, beginnen die Watschandies ihr großes, halb religiöses Caarofest zu feiern, das die Ausführung der wichtigen Pflicht der Zeugung vorbereitet. Zur Zeit des ersten Neumondes fängt man an, einen Vorrat von Lebensmitteln aller Art für die Dauer des Festes anzulegen. Am Abend der Feier ziehen sich Frauen und Kinder von der Gesellschaft der Männer zurück ... und nun dürfen diese bis zum Schluß der Zeremonie nicht auf eine Frau blicken ... Dann graben die Zurückgebliebenen ein großes Loch in den Boden. Früh am nächsten Morgen ver-

sammeln sie sich wieder und fahren fort, sich zu schmücken...
Gegen Abend beginnt die eigentliche Zeremonie. Sie tanzen
schreiend um das Loch und fahren damit die ganze Nacht
fort. Jede Figur der Tänze, jede Bewegung und der Refrain
aller ihrer Gesänge ist darauf berechnet, ihre Leidenschaft zu
entflammen. Das Loch ist so gegraben und mit Büschen
geschmückt, daß es die Geschlechtsteile einer Frau nachahmt.
Beim Tanze tragen sie den Speer vor sich, um einen Phallus
nachzuahmen: jede Gebärde ist obszön. Am Schlusse der
Zeremonie pflanzen sie Stöcke in den Boden, um den Schauplatz ihrer Orgien zu kennzeichnen. Dann ist es ein tabuierter
Platz.[1]

Bei den Arapaho, einem Stamme der Algonkinindianer,
war, wie wir jetzt durch die musterhaft sorgfältigen Forschungen
George A. Dorseys wissen, der „Sonnentanz" im wesentlichen
eine Erneuerung der gesamten Natur, der Menschen und der
Tiere und schaffte magisch überall Segen und Überfluß. Die
geschlechtliche Vermischung des ganzen Lagers gehört dazu
und der (jetzt etwas abgeschwächte) rituelle Beischlaf zwischen
dem Großvater dessen, der die Offerings-Lodge (die Opferhütte) errichtet hat, und seinem Weibe. Dorsey ist selbst bei

---

[1] Preuß *Globus* LXXXVI 1905 nr. 22 S. 358f., A. Oldfield *The Aborigines of Australia. Transactions of the Ethnological Society of London,* III. N. S. 1865, p. 230f. Vgl. Preuß *Archiv für Anthropologie* N. F. I 1903, 129ff., R. Lasch *Globus* LXXXVI 138. Weitere entsprechende Bräuche, bald mehr, bald weniger roh und deutlich, findet man bei Preuß a. a. O. und bei Weinhold *Zur Geschichte des heidnischen Ritus, Abhandl. der preuß. Akad. d. Wiss.* 1896, S. 30f. Aus dem alten Indien, aus Peru, aus Mexiko, aus Estland, aus der Ukraine, Wolhynien und Podolien, auch aus Deutschland, von afrikanischen Völkern, von Malaien und noch vielfach sind ähnliche Begehungen, zum Teil natürlich in stark abgeschwächten Formen, bezeugt. Ich möchte auch an den oben erwähnten Brauch erinnern, nach dem man in Athen Phallen in einen Erdschlund wirft. Ein seltsamer Nachklang solcher Riten, wenn man in Österreich die Erde „füttert", indem man ein Brotlaibchen in sie vergräbt, das „Daumenform hat", Jahn *Deutsche Opfergebräuche* S. 160, 297.

einer heiligen Begattungszeremonie, die keinerlei Zuschauer haben durfte, zugegen gewesen.[1]

Häufig setzt uns die ungeheuerliche Offenheit und Öffentlichkeit der Aktionen und Worte, die mehrfach aufgezeichnet worden sind, in größtes Erstaunen und zeigt uns, daß ebenda von dem Prozeß noch nichts zu beobachten ist, der die entsprechenden Dinge anderwärts zu ἄρρητα und μυστικά gestempelt hat. Vor kurzem erst ist uns ein wichtiges Zeugnis aus Mexiko erklärt worden.[2] Das Innere einer Schale, die bei den Moki in Arizona gefunden ist und im Berliner Museum für Völkerkunde aufbewahrt wird, stellt zwölf Männer dar, die hintereinander sich vorwärts bewegen und dabei sich so anfassen, daß immer einer die Hände an die Lenden des Vordermannes legt. Sie sind in übermenschlich phallischem Zustande. In gleichem Zustande sind zwei Männer, die Wasser über sie heruntergießen. Neben ihnen steht untätig eine weibliche Figur. So sind Dämonen der Fruchtbarkeit und des Erntesegens dargestellt. Sie befruchten die Erde, und zugleich sind sie bei einem „Regenzauber" beteiligt: denn das Wasser, das über sie gegossen wird, zwingt das zeugende Naß zur Erde. Ebensolche Regenbeschwörung ist bei den Zuñi in New Mexiko Territory beobachtet worden. Zehn Mann, bis auf den Lendenschurz nackt, stellen sich auf, genau wie die Dämonen auf der Schale, und bewegen sich so längs der Häuser des Dorfes, von denen Weiber möglichst viel Wasser auf sie heruntergießen.

Wir sehen ganz deutlich den Zusammenhang mit der Befruchtung der Erde, wenn in deutschem, auch sonst weitverbreitetem, z. B. litauischem Brauch die Pflüger oder der Pflug mit Wasser begossen werden müssen. Sei es, daß bei der

---

[1] George A. Dorsey *The Arapaho Sun Dance: the Ceremony of the Offerings-Lodge. Field Columbian Museum. Anthropological Series IV*, Chicago 1903, besonders auch S. 174.

[2] s Preuß a. a. O, vgl. Usener *Archiv f. Religionswiss.* VII 285 ff.

Ausfahrt oder bei der Heimfahrt des ersten Pfluges dieser selber *
oder die Pflugtiere mit Wasser übergossen werden, oder daß die
Mägde den im Frühjahr zum erstenmal ins Feld fahrenden
Knechten Wasser über den Kopf schütten (im oberbayerischen
Landgericht Neumarkt, in Taus in Böhmen), oder daß die
jungen Mädchen den Führer des ersten Pfluges im Frühjahr
begießen (z. B. in Züllichau, Brandenburg), oder endlich, daß
das Entsprechende bei der Heimfahrt vom ersten Pflügen geschieht. Es gibt eine Fülle von Belegen für diese Sitten.[1]
Sehr bedeutsam ist es, daß vielfach nun von den Knechten
die Weiber oder Mädchen nach der Heimkehr mit Wasser
beschüttet oder ins Wasser geworfen werden. Auch sie sollen
fruchtbar werden mit der Erde. In Litauen darf sich die Frau,
die schwanger ist, losmachen.[2] Schwerlich bloß, weil ihr das
Wasser schaden könnte.

Das „Pflugumziehen"[3] ist ja an sich ein Befruchtungs- *
zauber: der Pflug begattet die Erde; er ist der Phallus (s. u.).
Vielfach muß der Pflug von ganz nackten Jungfrauen gezogen *
werden. Das Begießen der Pflugschar und der Pflügenden ist
dieselbe Kumulation des Befruchtungs- und Regenzaubers wie
bei dem Umzug der Zuñi.

Womöglich noch bekannter als die erwähnten Sitten ist *
der weitverbreitete Brauch des „Brautlagers" auf dem Ackerfelde: ich verweise nur auf die Fülle der Belege, die Mannhardt in den Wald- und Feldkulten (I 469 ff., 480 ff.) vor uns
ausgebreitet hat. Es ist nicht der mindeste Zweifel, daß es
sich überall darum handelt, die Erde durch die Ausübung des
Beilager seitens des menschlichen Paares fruchtbar zu machen.
Natürlich sind vielfach von dem Brauche, den die Geistlichkeit
begreiflicherweise aufs schärfste bekämpft hat, nur noch

---

[1] Vieles zusammengestellt von E. H. Meyer *Indogermanische Pflügebräuche*, Zeitschrift des Vereins f. Volkskunde XIV 1904, 141 ff.

[2] Mannhardt *Wald- und Feldkulte* I 214.

[3] Reiches Material bei Mannhardt a. a O. I 553 f.

schwache, aber kaum irgendwo in ihrem Sinne mißverständliche Andeutungen übriggeblieben.

Es sind auch hier wieder aus mexikanischen Überlieferungen klare Analogien gewonnen worden. Die phallischen Vegetationsdämonen, die an religiösen Festen der Mexikaner scharenweise auftreten, vollziehen den Beischlaf, um die Erneuerung der Pflanzenwelt zu bewirken.[1]

Auf das Beilager der Demeter und des Iasion auf dem dreimal gepflügten Ackerfelde hat man längst hingewiesen als auf eine Parallele aus kargen griechischen Traditionen. Sie erzeugen den Plutos.

Nichts ist geeigneter, die unmittelbare Parallele im religiösen Denken ursprünglicher Menschen zwischen Empfangen und Fruchtbarwerden der Erde und Zeugen und Gebären der Menschen deutlich zu machen, als die vorhin erwähnten deutschen Volksbräuche. Die menschliche Handlung ist der magische Ritus, der die Erde zwingt zur Fruchtbarkeit. Und umgekehrt, die Erde allein kann bewirken, daß Menschen fruchtbar werden. Wir haben längst schon erörtert, wie die Erde bei der Hochzeit angerufen wird und sie den Kindersegen gibt. Wir verstehen jetzt auch ohne weiteres, wenn ein krankes Kind in sprossendes Saatfeld gelegt werden soll, wir verstehen auch den Hesiodvers (Werke und Tage 463f.)[2]:

νειὸν δὲ σπείρειν ἔτι κουφίζουσαν ἄρουραν,
νειὸς ἀλεξιάρη παίδων εὐκηλήτειρα.

Wenn man Kinder in die frische Ackerfurche legt, so wird alles Böse ferngehalten: so wären wir denn auch hier wieder unvermerkt zu dem Brauch gelangt, von dem wir im ersten Kapitel ausgegangen sind: die kleinen Kinder auf die Erde zu legen.

---

[1] Preuss a. a. O. S. 138ff., 175, namentlich auch die Abbildung Fig. 1, S. 130.

[2] Mannhardt *Kind und Korn* in den *Patholog. Forschungen* 350f., insbesondere 370f. Zu dem Hesiodvers Lehrs *Quaest. epicae* 197.

Man redet in solchen Fällen von Analogiezauber. Und in der Tat werden je zwei Vorgänge auch hier in all den Bräuchen, um die es sich handelt, in Analogie gesetzt, die an einem Punkte der Proportion miteinander verbunden werden. Saat und Frucht bei der Erde, Zeugen und Gebären beim Menschen sind die Glieder der Proportion. Menschliche Begattung auf dem Ackerfeld bewirkt ein Schwangerwerden der Erde, Samenkörner ins Grab, in die Erde geworfen, bewirken die Neugeburt des in die Erde gelegten Toten aus der Erde und so fort in reziproker Wirkung. Die ursprüngliche Anschauung sieht aber hier nicht nur Analogie, sondern Identität der Vorgänge, die sich einander sozusagen zwingen zu geschehen. Wasser auf die Erde gießen ist identisch mit Regnen: tut man es, so zwingt man den Regen herbei Hauchen und pfeifen ist Wind: es macht Wind, zwingt den Sturm herbei. Das primitive Denken setzt einzelne Handlungen als identisch, die uns nicht so erscheinen können: man nimmt das weiterhin nur als eine Sympathie einzelner Dinge und Handlungen. Völlig willkürlich scheint uns solche Sympathie im Zauber gesetzt zu werden. Zauberische Bindung oder Zauberwort zwingt zwei Dinge aneinander oder nötigt z. B. zwei Handlungen dazu, sich nacheinander zu richten. Das Denken beginnt mit falschen synthetischen Urteilen, mit falscher Abstraktion der accidentiellen Eigenschaften. Ein „Sympathiegesetz", das wir als gänzlich willkürlich erkennen, gilt solchem Denken wie uns das Naturgesetz. So sind eben für dieses Denken die verbundenen Dinge oder Vorgänge identisch und sie treten in den gleichen kausalen Zusammenhang. Überall gibt es nur einzelne, sagen wir der Kürze wegen „magische" Handlungen, die nun das unbewußte Kausalitätsbedürfnis (ich will das Schlagwort hier einmal gelten lassen), wie uns scheint gänzlich willkürlich, verbindet. Alle causae sind „Dämonen", Wesen, die (nur stärker) tun und handeln, wie der Mensch es von sich kennt. Als causa und effectus wird zunächst verbunden durch eben jene falsche Abstraktion, was räumlich und zeitlich nahe zusammen ist. Der Neger betet den Stein an, auf den er gerade trat, ehe er auf dem Sklavenmarkt losgekauft wurde: der Stein ist sozusagen ein Augenblicksfetisch. Nur die Empirie, wenn man will das Experiment, verbesserte ganz allmählich die groben Fehler falscher Abstraktion, mit der der Eingeweideschauer die umgeklappte Leber für das „umklappende" Leben des Konsulenten bestimmend sein, der Medizinmann das Zusammenwachsen eines zerbrochenen Bäumchens die Heilung eines gebrochenen Beines erzwingen läßt. Die Bindung der beiden Vorgänge aneinander geschieht ursprünglich vielfach durch ein eigentliches Band, meist weiterhin durch das Wort: zusammen ausgesprochene Dinge sind durch reale Macht der „gebundenen Rede" aneinander gebunden. Durch das Wort kann der Zauberer auch eine vergangene Tat real machen, wie eine gegenwärtig geschehende: durch die Erzählung einer vergangenen Handlung, etwa einer Heilung, zwingt er durch sein bindendes Wort eine Heilaktion gerade so sich zu vollziehen, wie jene sich vollzogen hat. Das Bild der vergangenen „Heilstatsache" wird durch das Wort oder die darstellende Handlung im Abbild wieder hervorgerufen und wirkt immer wie am ersten Tag. Das Band ist der „Glaube". Es gibt hier, wenn man es so kurz formulieren darf, weder den Begriff der Vergangenheit noch den der Identität. Eine Handlung wie auch ein göttliches Wesen sind für den Zauber beliebig vielmal da: ein Gott kann von einem Stamme immer wieder aufgegessen werden und ist doch immer wieder da, eine „sakramentale" Handlung kann so und so oft in gleicher Realität im Zauber vor sich gehen. Der Schoß der einen Mutter Erde ist überall da, wo ein Pflug die Furche reißt, wo ein Menschenkind geboren und wo ein Gestorbener eingebettet wird. Und wie ein dunkles Totenreich drunten in der Abstraktion entstanden ist, so auch ein Mutterschoß der Erde.

Hier sehen wir wie nicht so leicht sonst in einem anderen Falle, wie die Anschauung der Volksreligion, die kein Neuentstehen und kein Vergehen in der Zeit, nur eine Metathese oder Metamorphose kennt, die Vorgänge der Saat und Frucht und des menschlichen Zeugens und Gebärens in der verschiedensten Weise, durch Weihung oder Opfer, Gebet oder Zauber, aneinanderfügt. Denn nach unmittelbar notwendigem Glauben ist es eben die Erde selbst, die alle Menschenkinder gebiert. Hier sehen wir einmal tief genug, um zu verstehen, wie der „Sympathie- oder Analogieglaube", der uns in so vielen Fällen so sinnlos willkürlich erscheint, mit Notwendigkeit aus der ältesten „Weltanschauung", d. i. aus ältester echter Volksreligion folgt. Und so ist es uns hoffentlich wirklich klar geworden, daß für diese Volksreligion das Zeugen der Zauberakt ist, der die Erde fruchtbar macht, daß für sie Regen und menschlicher Same, Pflug und männliches Glied, die Erdengrube und der weibliche Schoß, Ackerfurche und weiblicher Geschlechtsteil, daß das Getreidekorn, das zugleich Same und Frucht ist, und der menschliche Same und das menschliche Kind identische Dinge sind. Sobald sie irgendwie in Aktion treten, rufen sie mit absoluter Notwendigkeit das identische Gegenstück hervor.

Die eben angestellte Betrachtung war unerläßlich, wenn wir noch andere griechische Sitten wahrhaft verstehen wollen, die uns die Parallele „Kind und Korn" weiter vor Augen * führen. Seit Mannhardt kann man einigermaßen wissen, was es bedeutet, wenn das neugeborene Kind in eine Getreide- * wanne, ein λίκνον, gelegt wird oder eben die Wiege des Kleinen als λίκνον geformt wird. Das Saatkorn wird „gereinigt"[1] in diesem Gefäß: es springt aus der Hülse und wird

---

[1] Eine für die bildliche Verwendung des λίκνον besonders lehrreiche Stelle steht bei Lukian Anacharsis c. 25 (v. Duhn weist mich darauf hin): ὅπερ γὰρ δὴ οἱ λικμῶντες τὸν πυρόν, τοῦτο ἡμῖν καὶ τὰ γυμνάσια ἐργάζεται ἐν τοῖς σώμασι τὴν μὲν ἄχνην καὶ τοὺς θέρας ἀποφυσῶντα, καθαρὸν δὲ τὸν καρπὸν διευκρινοῦντα καὶ προσσωρεύοντα.

von aller Spreu befreit. Das Kind ist ja die Frucht der Erde. Es wird aber auch wieder unmittelbar durch das „Wiegen" des Kindes in der Getreideschwinge gute Frucht hervorgebracht. Das letztere wird durch solche Stellen wie die des Scholion zu Kallimachos Hymn. I 18 ἐν γὰρ λίκνοις κατεκοίμιζον τὰ βρέφη πλοῦτον καὶ καρποὺς οἰωνιζόμενοι besonders deutlich. Das neugeborene Dionysoskind wird in dem Liknon geschwungen, das gibt erst recht gute Saat.[1] Über das Hochzeitspaar werden Samen und Früchte aller Art in so mannigfacher Völkersitte geworfen und geschüttet, auf der griechischen Gemme des Tryphon wird über die verhüllten Häupter des Brautpaares, Eros und Psyche, eine Schwinge mit Früchten erhoben.[2] Ist denn also das Verhüllen eine Weihung an die Mutter Erde — die Verhüllung gerade der Braut ist ja immer festgehalten —, so ist das Ausschütten des Samens über die rituell-symbolisch in den Schoß der Erde versenkte eine völlig klare Aktion. Mag das Liknon auch die „Reinigung" gemeint haben, vielleicht noch viel eigentlicher das Springen des Samens aus der Hülle, die Zurüstung zum Säen, so wird auch der Same über das neue Paar heruntergeschüttet sein, so gut wie sonst in all den verschiedenen Verzweigungen solchen Hochzeitsbrauches die Früchte, Nüsse, Körner über die Neuvermählten geworfen wurden. Die Bedeutung ist in der Hauptsache die gleiche wie bei dem oben besprochenen Begießen mit Wasser. Auch das gebackene Hochzeitsbrot wurde in einer Schwinge herumgereicht mit

---

[1] Über die *mystica vannus Iacchi* hat Jane E. Harrison im *Journal of Hellenic studies* XXIII 1903, 292 ff., dazu Weiteres XXIV 1904, 241 ff. vor kurzem trefflich gehandelt. Die Formen der Getreideschwinge, wie sie solche aus Frankreich und England usw. der heutige Gebrauch zur Anschauung bringt, hat man auch im badischen Schwarzwald (wahrscheinlich auch vielfach sonst) genau so früher gebraucht. Ein des Landbaues kundiger Lehrer hat mir, ohne zu wissen, was ich wollte, das Modell einer solchen Schwinge aus einer Dickwurzel geschnitten.

[2] Jetzt bei Furtwängler *Gemmen* III 371, Tafel LVII 11.

dem alten Spruche, der auch Mysterienkulten eigentümlich war: ἔφυγον κακόν, εὗρον ἄμεινον. Und das Paar, dem jetzt die Schwinge guten reinen Samen „symbolisch" schuf, legte dann die Frucht, das Kind, wiederum in das Liknon. Ganz entsprechend ist der Gebrauch des Liknon bei der Einweihung in die Mysterien. Wir sehen des öfteren, wie zwischen den Früchten, die im Liknon nur an die Stelle der ursprünglich dort allein angemessenen Saatkörner getreten sein können, der Phallos hervorragt: auch hier handelt es sich um ein neues Leben, das gezeugt wird aus der Mutter Erde. Über dem Verhüllten, d. h. in die Erde Versenkten wird ebenfalls die Saat gereinigt und wohl nicht bloß die Spreu, auch schließlich der Same über ihn geschüttet, falls nicht anderweite Aktionen mit dem Phallos die Neuzeugung irgendwie rituell abbildeten. Ich meine, es würde so auch wiederum verständlicher, wie die Athener darauf kommen konnten, die Gräber mit Frucht zu besäen (oben S. 48f.), und warum man so vielfach Mengen von Körnern und Früchten allermöglicher Art — so z. B. fanden sich große Mengen in dem jetzt in Bonn befindlichen Sarkophag aus Abusir — in die Gräber oder Särge mitgab (auch die Granatäpfel und Eier werden hierher gehören).[1] Auf einem altägyptischen Grab in Theben, das gegen 1500 v. Chr. angelegt sein soll, fand sich auf einer Leinwand Osiris gemalt in natürlicher Größe eines Menschen, darauf Ackererde, und in diese war Gerste gesät,

---

[1] So kennt auch deutscher Volksbrauch Kornopfer auf das Grab, den „Kornberg" über dem Grab, Legen von Roggenkörnern unter den Sarg, Samter *Familienfeste* 7. Vieles Weitere Mannhardt *Myth. Forsch.* 350 ff. Ich möchte aber auch hier betonen, daß nicht alle diese Bräuche aus einem und demselben Gedanken hervorgegangen sein müssen, der oben belegt werden soll. Auch Samters andere Erklärungen der oben genannten Sitten können recht haben. In den Zusammenhang, der oben dargelegt ist, gehören sicher der Ährenkranz der Braut (Mannhardt *Myth. Forsch.* 358. 360. 363), der Ährenkranz der Toten (auch antik, s. den abgeschiedenen Mysten auf dem unteritalischen Bilde, *Wiener Vorlegeblätter* E 3; der Ährenkranz um einen Totenkopf auf einer Baseler Fest-

die aufgegangen war: ein Osiris végétant. *C'est la résurrection d'Osiris qu'on a voulu figurer; le dieu, sous la forme de l'orge germinant, obtient une vie nouvelle*, erklärt Wiedemann (s. o. S. 49, 1). Man weiß, daß der Tote selbst es ist, der zum Osiris wird.

Der Phallos unter den Früchten ist, wie wir erwähnten, besonders häufig in dem Liknon auf unseren Darstellungen zu sehen. Es ist der Dämon der Zeugung selbst, der den mütterlichen Erdenschoß befruchtend gedacht wird. Ich meine, daß es denn auch für uns kein Rätsel mehr sein kann, wenn Phallen in den Gräbern, wenn wie häufig in Etrurien, in Phrygien, in Lydien Phallen auf den Gräbern sich finden.[1] Ich kann nicht wohl die letzthin gegebene Erklärung für ausreichend halten, daß oben auf dem Grabe stünde, was hinein gehöre, und ins Grab seien Phallen gelegt, damit „die erloschene Zeugungskraft" „lebendig erhalten" werde. Wir werden sagen: damit in der mütterlichen Erde neue Zeugung stattfinde.[2] Die steinernen Phallen auf den Gräbern sind in der Erde Schoß gestoßen. Man darf sich nicht scheuen, so

---

gedenkmünze ist sicheres Zeichen der Wiedergeburt, Kohlrausch *Schweiz. Sagenbuch* 358 Anm.) und die Ähren bei der Mystenweihe, z. B. in der cista mystica bei der merkwürdigen Einweihungsszene, Lovatelli *Antichi monumenti* tav. IV fig. 3, nach Bellori *Pictae veterum tabulae in cryptis Romae repertae* Tab. XI/XII. Vgl. Braun *Annali* 1842 p. 26, tav. d'agg. 13. Wer kann übrigens das merkwürdige Gerät erklären, das dort über den Mysten gehalten wird? Es wird in der Publikation für vannus mystica mit Phallus erklärt. Wenn die Zeichnung (von S. Bartoli) irgendeine Gewähr hat, ist es das nicht.

[1] Körte *Athen. Mitteil.* XXIV 1899, namentlich S. 9 ff. Curtiss *Ursemit. Religion im Volksleben des heutigen Orients*, deutsche Ausgabe, S. 340 f.

[2] Entsprechend verstehe ich auch die Coitusszenen z. B. der etruskischen Gräber; wie durch das Beilager der Menschen auf dem Felde wird hier wenigstens im Bilde der Zauber ausgeübt, der die Erde zu neuem Gebären zwingt. Das schließt natürlich nicht aus, daß weiterhin solche Szenen mit einem Vergnügen ausgemalt wurden, das mit dem ursprünglichen religiösen Zweck wenig oder nichts zu tun hat.

eigentlich als möglich die Gedanken auszudenken: dann ist man den ursprünglichen Anschauungen echter Volksreligion am nächsten. Unklare „Symbolik" ist durchaus nicht ihre Sache. Wie viele von den Steinen und Hölzern, von deren Heilighaltung wir in Griechenland Kunde haben[1], nicht nur Phallen darstellen sollten, sondern auch den eben gegebenen Anschauungen ihre Entstehung oder Verehrung dankten, läßt sich nicht leicht in einzelnen Fällen ausmachen. Man hat ja z. B. vermutet, daß das mit der Orestessage verknüpfte $\varDelta\alpha\varkappa\tau\acute{v}\lambda ov$ $\mu\nu\tilde{\eta}\mu\alpha$ in Arkadien ein mißverstandener Grabphallos sei.[2]

Kaum zweifelhaft kann die Bedeutung einer Statuette sein, die aus einem Grabe auf Cypern stammt.[3] „Auf einer niedrigen brettartigen Basis steht eine nackte Frau, deren Oberteil von den Brüsten an fehlt. Die Körperformen sind nur ganz roh angelegt, der Bauch mit dem stark vertieften Nabel ist viel zu kurz, unförmig groß dagegen der fast die ganze Körperbreite einnehmende, durch schwarze Umrahmung noch ganz besonders hervorgehobene Geschlechtsteil. Dieser Umstand läßt auch über die Bedeutung des Gegenstandes keinen Zweifel, der auf den geschlossenen Füßen der Frau steht und ihr bis ans Knie reicht. Es ist ein Phallos ohne Hoden, in der Ausführung ebenso roh wie der Frauenkörper." Ob man nun so die Erde bewußt hat darstellen wollen oder nicht, es ist ganz die Vorstellung, die man von dem Verhältnis des dämonischen Phallos zu dem zu befruchtenden Erdenschoße hatte. Daneben oder dahinter steht für Griechenland noch erkennbar die Anschauung, daß die Erde selbst mannweiblich ist, daß sie aus sich selbst erzeugt, daß sie selbst die Phallen, die

---

[1] de Visser hat in seinem Buche *Die nicht menschengestaltigen Götter der Griechen* viel dergleichen aufgeführt, das mit dem Register leicht zusammenzufinden ist.

[2] Pausan. VIII 34, 2. Belger *Archäol. Anzeiger* 1892, 64 f., Körte a. a. O. 9.

[3] Abgebildet bei Körte a. a. O. Taf. 1 Fig. 2. Die Beschreibung oben nach Körte S. 9.

phallischen Dämonen hervorbringt.[1] Sie sind „schlechthin Söhne der Erde", sagt Kaibel. Ob auch dieser alte Glaube noch bei der Verehrung der Phallosidole im Feld und auf Bergeshöhen lebendig ist, wüßte ich nicht festzustellen. Vom Himmel gefallene Steine (Meteore) dachte man so oft als Phallen.[2] Daß auch der Omphalos in Delphi (er ist nicht der einzige seiner Art) ursprünglich ein Phallos gewesen wäre, der dann zum Nabel der Erdmutter geworden sei, ist leicht gesagt; aber es gilt gerade in diesen Gebieten, sollen wirkliche Erkenntnisse gewonnen werden, jegliches Spiel der „Deutungen" fernzuhalten, die hier so billig sind wie Brombeeren.

Meine Leser werden längst immer wieder an all die phallischen Dämonen der griechischen Welt, die Silene und Satyrn, an die phallischen Schmerbäuche der attischen Komödie erinnert worden sein. Sie vollführen zumeist im Frühling ihre Phallustänze. Phallische Bocksdämonen umtanzen auch die aus der Erde Schoß heraufsteigende Kore, das Kind der Erdmutter im prägnanten Sinne. Ihre Wiederkehr wurde in den Tagen gefeiert, da der Lenz erwachte, da „zugleich mit der Göttin die Toten heraufsteigen in das Reich des Lichtes".[3] Dann folgt der ἱερὸς γάμος des Dionysos mit der Kore. Wie weit ähnliche phallische Umzüge in den griechischen Landen zurückgehen, zeigt uns jetzt das schon vielbesprochene Steatitgefäß aus Hagia Triada bei Phaistos.[4] Daß die Gabeln, die dort die einherziehenden Männer tragen, dem Worfeln des Getreides — dem ersten Aufwerfen der Ährenbündel, damit die

---

[1] Ausgeführt bei Kaibel a. a. O. 515.

[2] Münzbilder zeigen, daß z. B. an dem Meteorstein des Heliogabal ein weiblicher cunnus erkennbar gemacht worden war (s. Cohen IV p. 503, auch bei Roscher I 1230 und auf dem Titelblatt meiner *Grabschrift des Aberkios*): ein mannweiblicher Allfetisch.

[3] S. P. Hartwig *Die Wiederkehr der Kora*, *Röm. Mitteil.* XII 1897, 89 ff. und besonders 100 f., Abbildung des Vasenbildes aus Falerii Tafel IV—V.

[4] Savignoni *Monumenti dei Lincei* 1903, Tav. I u. II, R. Zahn *Arch. Anzeiger* 1904, 76.

— 107 —

Spreu abspringe — dienen, kann nach den Ermittelungen Jane Harrisons keinem Zweifel mehr ausgesetzt sein.[1] Jedenfalls aber sind die im Zuge schreitenden Männer, die die Getreideworfeln tragen, mit riesigen Phallen ausgestattet. Es ist eine Ernte- * prozession. Uns nun so vertraute Anschauungen finden also ein bedeutsames Zeugnis in dem kretensischen Volksbrauch des 2. Jahrtausends v. Chr. Die Parallele menschlicher Zeugung und der Fruchtbarkeit der Erde muß ihnen genau so gültig gewesen sein, wie sie es den späteren Griechen und unserem Volke gewesen ist.

Das allerdeutlichste Zeugnis aber, das uns diese Parallele vor Augen stellt, führt eben wieder in den Kreis der in

Attika so bedeutsamen phallischen Tierdämonen und Schmerbäuche. Im archäologischen Museum in Florenz findet sich in Schrank XII der Vasensammlung eine schwarzfigurige Schale, die von Heydemann[2] so beschrieben wird: *während die Schale* * *innen ohne Schmuck ist, zeigen die (durch einen schwarzen*

---

[1] *Journal of Hellenic studies* XXIV 1904, 249 f. S. oben S. 102. Der oben erwähnte, des Landbaues kundige Mann hat mir, ohne vorher auf irgend etwas hingewiesen zu sein, nur auf Grund der Anschauung des Abgusses der Vase, den ich besitze, die Gabeln erklärt als solche Worfelgabeln, die man früher auch im badener Oberland gebraucht habe. Es seien 3 bis 5 Zinken von oft leicht gebogenem, rohrartigem Holze gewesen.

[2] *Mitteilungen aus den Antikensammlungen in Ober- und Mittelitalien.* 3. *Hall. Winckelmannsprogramm* 1879, S. 95 nr. 50.

konzentrischen Streifen halbierten) Außenseiten zweimal mit Variationen ein und dieselbe Darstellung. A. Sechs nackte Männer, zum Teil bärtig, heben und tragen viribus unitis auf ihren linken Schultern einen Gegenstand (über den unten des weiteren zu sprechen sein wird), während ein bärtiger, größer gezeichneter Mann, der in jeder Hand einen Rebzweig hält, anleitend und helfend zugleich auf dem getragenen Gegenstand zu stehen scheint.[1] *B. Auf der anderen Seite sind es acht Männer, zum Teil bärtig und ithyphallisch, welche denselben Gegenstand zu heben und zu tragen bemüht sind; auf demselben steht hier ein behaarter, bärtiger, großer Satyr, auf dessen Rücken rittlings*

ein Mann sitzt mit großem, weißem Trinkhorn und Kentron in Händen: mit dem letzteren scheint er den gerittenen Satyr zu quälen. Hinter ihm ein Rebzweig, den der Satyr vielleicht ursprünglich in Händen hielt. Wie der auf beiden Seiten der Schale getragene Gegenstand, welcher mit heiligen geknoteten Wolltänien verziert, mit Stricken versehen und mit einem unheilabwendenden Auge bemalt, sowie mit Buckeln ausgestattet ist, zu benennen sei, vermag ich nicht zweifellos zu bestimmen. Zuerst (und immer wieder) dachte ich an einen gewaltigen

---

[1] Der Mann hat, was auch hätte angegeben werden können, einen dicken Bauch.

Pflug (ἄροτρον αὐτόγυιον) usw. Die weitere Auseinandersetzung über den Pflug kann beiseite bleiben.[1] Andere haben längst erkannt, daß es sich jedesmal um einen Phallus handelt, und die Abbildungen S. 107 und 108 nach Heydemanns a. a. O. Tafel II 3a, 3b überheben mich weiterer Erklärungen.[2] Nur sei angeführt, daß Amelung in seinem Führer durch die Antiken in Florenz S. 229 angibt: *Auf der ... Schale ist der von den Männern getragene Gegenstand sicher ein primitiver Pflug. Man erkennt zugleich, daß deutlich an einen Teil des menschlichen Körpers erinnert werden soll, dessen Tätigkeit mit der des Pfluges verglichen wurde (vgl. Sophokles, Antigone v. 569).* Es ist eben ein Pflug und ein Phallos zugleich, und wir sind nun genügend vorbereitet, diese Identität ohne weiteres zu verstehen. So tritt uns vors Auge, wie eigentlich die Griechen ἀροῦν = zeugen und die Römer *arare* = zeugen sagten, wie wir es oben (S. 47 u. S. 78) in einer Reihe von Belegen zusammengestellt haben.[3]

---

[1] In der Anmerkung weist Heydemann die Erklärung der „Lanze" des Satyrs, der in den Gigantenkampf zieht, die Fröhner *Choix de vases gr. du Prince Napoléon* pl. 5 veröffentlicht, als *un long phallus oculatus* als *gewiß irrtümlich* zurück und freut sich des beistimmenden Urteiles Wieselers. Der erste Blick zeigt, daß Fröhners Erklärung absolut sicher ist.

[2] Milani hat in den *Studi e Materiali di Arch. e Numism.* II 78 ff. die Vase aufs neue besprochen und als Fig. 262 a und b abgebildet. Zu der Äußerung über Heydemanns Publikation *ma al solito male disegnata e non capita* hatte Milani angesichts dessen, was er selbst gibt nicht das mindeste Recht. Die Abbildung bei Heydemann ist (jedenfalls in allem, worauf es uns ankommt) gerade so gut wie die bei Milani und ich habe der Einfachheit halber die erstere hier nachbilden lassen. Hier ist es wesentlich, ein Abbild der Darstellung vor Augen zu haben. Auch Preuss hat die Bilder nach Heydemann im *Archiv f. Anthrop.* a. a. O. wiedergegeben (der auf das Gerät nicht eingeht und nur von „Trage", „Gerüst" mit Phallus spricht).

[3] Einige weitere (Pflug = *mentula*, Furche = Weib u. dgl.) bei Hahn *Demeter und Baubo* 48. — Der „carrus navalis", der Prozessionswagen im Frühjahr, war im Mittelalter zuweilen ein Pflug, Hahn a. a. O. 40, 44. Man könnte auf den Gedanken kommen, daß der Schiffsschnabel, der

Ähnliche Prozessionen werden in Athen und Griechenland lange von verkleideten Personen in fröhlicher Öffentlichkeit aufgeführt worden sein. Im ganzen läßt sich beobachten, daß nur, was in burleskes Spiel und mimische Belustigung überging, in der vollsten Offenheit weiterlebte. Da trat kaum etwas wie Scham irgendwie hindernd in den Weg. Aber wo es sich um hochheilige sakramentale Begehungen im Dienst der Mutter Erde und anderen analogen Diensten handelte, hat allerdings eine religiöse Schamhaftigkeit, eine Art εὐφημία des Ritus, bewirkt, daß heilige Handlungen dieser Art in das Dunkel des Mysteriums traten. Mir will scheinen, daß eben durch die Entstehung des μυστήριον, das den einzelnen Menschen zum Kinde der Mutter Erde machte, das Ritual der Neuzeugung und Neugeburt in die Schatten des Geheimnisses gedrängt ward: es handelt sich nun um des einzelnen Menschen individuellste religiöse Bürgschaft, es handelt sich um seine eigene Mutter, um die Zeugung und Geburt, die ihn selbst ganz persönlich angehen. Auch wenn keinerlei öffentliche Darstellung natürlicher Dinge den geringsten Anstoß gab, hat man niemals die Geheimnisse des eigenen Lebens profanieren wollen. Die heiligen Mysterien nachahmend zu agieren, war des Todes würdig: denn sie wirkten auch dann, zerstörend vielleicht und verderblich.

In jedem Mysterienkulte, in dem eine Muttergottheit eine Hauptrolle spielt, sind Belege dafür da, daß der Phallos im geheimen Ritual seine Bedeutung hatte. Für Eleusis habe ich es früher, meine ich, bewiesen aus dem Spruch: ἐνήστευσα, ἔπιον τὸν κυκεῶνα, ἔλαβον ἐκ κίστης, ἐργασάμενος ἀπεθέμην εἰς κάλαθον καὶ ἐκ καλάθου εἰς κίστην.[1] In den ver-

vorn an dem Dümlerschen carrus navalis (jetzt *Kleine Schriften* III 26) sichtbar ist, mit einem Auge verziert, als ἔμβολον, wie eben dieses Wort selbst, noch weitere Bedeutung hätte haben können. Aber das wären
* wieder bloße Vermutungen.

[1] *Mithrasliturgie* 125, Anhang nr. I S. 213. S. dazu auch Osthoff *Archiv für Religionswissenschaft* VIII 60 f., Siegmund Fränkel ebenda 316.

schiedenen Denominationen des Dionysoskultes, der mit dem Demeterkult von vornherein die engsten Zusammenhänge gewinnt und mit dem Kult irgendeiner unterirdischen Göttin zumeist verbunden ist, sind die Darstellungen des λίκνον mit dem Phallos zahlreich bekannt, von Orphischem nicht weiter zu reden. Für den Kult der großen Mutter kann ich auf die Zusammenstellung von Hepding (Attis 192 ff.) und mir (Mithrasliturgie 126 ff.) verweisen. Gerade da ist das Phalloswesen ganz besonders reich und mannigfaltig im Kulte ausgestaltet gewesen. Im Isiskulte tritt es nicht so stark hervor, aber es war vorhanden. Zum Beweise genügt vollauf, was de Jong[1] zusammengestellt hat. Von Sabazios oder den Kabiren oder anderen braucht hier nicht mehr die Rede zu sein, obwohl gerade im Sabazioskult einmal ausnahmsweise der sakramentale Sinn der Aktion mit dem Phallos ganz klar ist. Der heilige Phallos wird der einzuweihenden Person durch den Schoß gezogen. Man muß sich auch hier bewußt bleiben, daß man die Phallossakramente nicht durch mystische Redewendungen versteht oder verständlich macht. Es gilt auch hier, dem ursprünglichen ganz klar sinnlichen Denken nachzutasten. Immer war der Ritus das sakramentale Abbild einer Neuzeugung oder Neugeburt des Eingeweihten. Entweder wurde mit Phallos und Cunnus, vielleicht mit Phallos und Erde agiert oder die Aktion wurde teilweise gedacht. Die Darstellungen lassen zum Teil darauf schließen, daß die Aktion so weit „vergeistigt" wurde, daß der Phallos bloß in einer Art ἐποψις gezeigt, daß er dem Mysten enthüllt wurde. Oder der Myste, dem Gotte gegenüber stets ein weibliches Wesen, trat in die geschlechtliche Verbindung mit dem Gotte, der Phallos wurde ihm in den Schoß getan. Oder es wurde durch die Berührung mit dem göttlichen Phallos sakramental die Erzeugung eines neuen Wesens in ihm bewirkt, des Gött-

---

[1] *De Apuleio Isiacorum mysteriorum teste* p. 44 ff.

lichen, dem die Verheißungen des Kultes gelten. Oder endlich es ward ein Akt der Neugeburt vorgenommen, wie er etwa von der mythischen Adoption des Herakles erzählt wird: τὴν Ἥραν ἀναβᾶσαν ἐπὶ τὴν κλίνην καὶ τὸν Ἡρακλέα προσλαβομένην πρὸς τὸ σῶμα διὰ τῶν ἐνδυμάτων ἀφεῖναι πρὸς τὴν γῆν (Diodor IV 39), oder von der Rehabilitierung des Totgesagten δεύτερον διὰ γυναικείου διαδύς ὡς ἔθος ἦν παρὰ Ἀθηναίοις ἐκ δευτέρου γεννᾶσθαι.[1] Es ist leicht auszudenken, wie mittels eines Bildes der Göttin oder einer die Göttin vertretenden Priesterin solche Akte sakramental vollzogen werden mochten. Erst wenn man sich klare Vorstellungen über diese Riten gemacht hat, wird man bisher dunkle Zeugnisse verstehen. Das „Rheaepigramm von Phaistos", dem die seltsamsten Interpretationen zuteil geworden sind, ist vor kurzem neu gelesen und herausgegeben in den Monumenti antichi dei Lincei XI 1901, p 542[2]:

Θαῦμα μέγ' ἀνθρώποις πάντων Μάτηρ πρ⟨ο⟩δίκνυτι
τοῖς ὁσίοις κίγχρητι καὶ οἳ γονεὰν ὑπέχονται,
τοῖς δὲ παρεσβαίνουσι θιῶν γένος ἀντία πρᾶτ⟨τ⟩ει.
πάντες δ' εὐσεβέες τε καὶ εὐγλώθιοι πάριθ' ἁγνοὶ
ἔνθεον ἐς Μεγάλας Ματρὸς ναόν, ἔνθεα δ' ἔργα
γνωσῆ [θ'] ἀθανάτας ἄξια τῷδε ναῷ.

Am Eingang des Tempels offenbart die Allmutter den Menschen großes Wunder: sie gibt Orakel den Reinen und denen οἳ γονεὰν ὑπέχονται; sie ist zuwider τοῖς παρεσβαίνουσι θιῶν γένος. Die Hauptschwierigkeit liegt in οἳ γονεὰν ὑπέχον-

---

[1] Hesych. sv. δευτερόποτμος, Weiteres *Mithrasliturgie* 160.

[2] Zuerst herausgegeben von Halbherr *Museo Italiano* III 735 ff., dann hat Blaß darüber geschrieben *Jahrb. f. Philol.* 143, 1891, 1 ff. („den Frommen leiht sie dar und denen, welche Zinsen versprechen"), Maaß *Athen. Mitteil.* XVIII 1893, 272 ff. (οἳ γονεὰν ὑπέχονται sind die Mütter), Wernicke ebenda XIX 1894, 290 ff. („die Eltern, die ihre Nachkommenschaft unter sich haben", oder ὑπέχοντι zu lesen, „die ihre Kinder [den Göttern zum Zwecke der Weissagung] unter [die vorgestreckte Hand] halten"), Maaß *Orpheus* 309 ff. (γονεὰν ὑπέχεσθαι = τόκον μὴ ῥίπτειν, wahrscheinlich sind die braven Mütter dann auch zum

ται, sie kann aber nicht gehoben werden, wenn man τοῖς παρεσβαίνουσι θιῶν γένος nicht oder falsch versteht. Es sind die, welche nebenher, heimlich Eingang finden in der Götter Geschlecht. Wer sich des Spruches des Mysten auf den unteritalischen Täfelchen θεῶν γένος ὄλβιον εὔχομαι εἶναι, der Bezeichnung γεννήτης τῶν θεῶν vom Mysten im Axiochos (p. 371d) und der Erläuterungen Rohdes dazu (Psyche II³ 422f.) erinnert, weiß, was das heißt. Zum γένος τῶν θεῶν gehört nur, wer sich nach der Ordnung reinigen und einweihen läßt, niemand darf sich heimlich eindrängen, der nicht der Göttin Strafe gewärtigen will. Sie spendet ihre Orakel den Reinen (ὅσιοι) und denen, die „die Geburt an sich vollziehen lassen, auf sich nehmen". Genau das heißt: ὑπέχεσθαι[1] γονεάν. Der sakramentale Einweihungsritus ist gemeint. Dann gilt aber von dem Eingeweihten, was auf den unteritalischen Täfelchen gesagt ist: δεσποίνας ὑπὸ κόλπον ἔδυ χθονίας βασιλείας. Gerade nach Kreta sind diese Liturgien der unteritalischen Kulte nachweislich verpflanzt: in Eleutherne haben sich auf einem Goldblättchen des 2. Jahrhunderts n. Chr. nahezu wörtlich die gleichen Sätze gefunden wie auf einem der unteritalischen Täfelchen.[2]

Möglich wäre ja immerhin auch, daß γονεάν ὑπέχεσθαι heißen könnte: die die Zeugung an sich vollziehen lassen, sich ihr unterziehen; man bedenke die Häufigkeit phallischer Rituale einer Neuzeugung in diesen Kulten gerade auch der

---

Lohn Maskulina geworden), Drexler *Wochenschr. f. klass. Philol.* 1895, n. 47 p. 1291 f. (denkt an Zeremonien der Taurobolie; aber die viel späteren Taurobolien haben hier gar nichts zu suchen). Gaetano de Sanctis, der neue Herausgeber selbst, versteht οἱ als Demonstrativ, ὑπέχονται hanno, ottengono, ricevono. „agli empî la Magna Mater nega la discendenza, in ciò sta il μέγα θαῦμα del santuario." Entgegenstehen aber: κίγχρητι den einen, ἀντία πράττει den anderen. παρεσβαίνουσι θιῶν γένος bleibt ganz unerklärt. „empî" sind es nicht.

[1] „sich einer Sache unterziehen, sie auf sich nehmen" findet man in den Wörterbüchern angegeben und mit Beispielen belegt.

[2] *Nekyia* 107.

mütterlichen Gottheiten. Das Gebet eines Papyrus[1] ἐλθέ μοι ... ὡς τὰ βρέφη εἰς τὰς κοιλίας τῶν γυναικῶν macht diese Vorstellung am schnellsten deutlich und die vielen Wendungen von dem neuen Menschen, der in dem alten gezeugt ist. Das wird zu bildlicher Phrase, aber es ist von Anfang eigentlich gedacht. Wer aus Gott neu gezeugt ist, so kann noch der Verfasser des Johannesbriefes sagen (I 3, 9f.), der tut nicht Sünde, ὅτι σπέρμα αὐτοῦ (i. e. θεοῦ) ἐν αὐτῷ μένει.

Mit einer Frage mag hier weitergehenden Erörterungen ein Ziel gesetzt sein. Für den noch deutlich im Ritual erhaltenen christlichen Brauch der Wasserweihe[2], nach dem vom Priester eine brennende Wachskerze ins Wasser gesenkt, tiefer gesenkt und zum dritten Male bis auf den Grund gestoßen wird, läßt der begleitende Text keinen Zweifel, daß in heiliger Handlung eine Zeugung nachgebildet wird, durch welche der Mutterleib des Taufwassers befruchtet wird, „um himmlische Nachkommenschaft zu gebären". . . . *de spiritu sancto, qui hanc aquam regenerandis hominibus praeparatam arcana sui luminis admixtione fecundet, ut sanctificatione concepta ab immaculato divini fontis utero in novam renata creaturam progenies caelestis emergat et quos aut sexus in corpore aut aetas discernit in tempore, omnes in unam pariat gratia tua mater infantiam.* Dann der Höhepunkt der Weihe mit der dreimaligen Eintauchung der Kerze:

Descendat in hanc plenitudinem fontis virtus spiritus tui et totam huius aquae substantiam regenerandi fecundet effectu . . . ut omnis homo hoc sacramentum regenerationis ingressus in vera innocentia, nova infantia renascatur.

Die Kerze ist, in der bisherigen Terminologie zu reden, die wir anwenden mußten, um eine große Anzahl antiker Riten zu verstehen, der Phallus des heiligen Geistes. Er zeugt in

---

[1] Kenyon *Greek Pap. in the Brit. Mus.* 1893 p. 116, Pap. CXXII Z. 2 ff.
[2] Erklärt von Usener *Archiv f. Religionswiss.* VII 290, bes. 294 ff.
* Dort auch die nötigen Nachweise.

dem Mutterleibe des Wassers die Einzuweihenden zu neuer Geburt. Ich wage nicht nach Analogie dieses noch deutlichen Ritus mir die Vorgänge bei den verschollenen alten Sakramenten vorzustellen, obwohl ich es recht wohl für erlaubt hielte. Kann denn aber wohl bei dem Reinigungsbade mit dem Taufwasser sich solcher Ritus entwickeln und eine so konkrete Bildersprache gestalten, wenn nicht die Bräuche aller oder fast aller mächtigen Mysterienreligionen, die das werdende und wachsende Christentum umgaben, in dieser Richtung einwirkten? Das Phallussakrament der antiken Mysterien war von unaustilgbarer Lebenskraft: in unverkennbarem Abbild weiß es in christliche Liturgie sich einzuschmuggeln. Freilich kann es da in der Tat nur in wirklichem „Bilde" sich erhalten. Denn das Christentum hat mit grimmiger Energie die, ich möchte sagen, völlige Verteufelung des Phallus durchgesetzt.

VII

Es wäre seltsam, wenn der tiefe Glaube an eine göttliche Mutter Erde, der die antike Menschheit immer und immer wieder im Innersten bewegt hatte, endgültig zerstört gewesen wäre, als die siegende Religion betete „Unser Vater". Nein: das innerste religiöse Bedürfnis, das nach der Mutter Erde, der Demeter, der Isis gerufen, war nicht tot. Es lebt und waltet und webt in der Tiefe, es ringt, wieder Leben und Gestalt zu gewinnen. Nichts kann die Unzerstörbarkeit der Religion, die in den Herzen der Menschen lebendig ist, besser beweisen als die Versuche innerhalb des Christentums trotz allem eine mütterliche Gottheit zu schaffen. Ich rede nicht von der Maria, obgleich ja auch deren Verehrung und Ausgestaltung als Gottesmutter laut genug ein innerstes religiöses Bedürfnis bezeugt. In frühere Zeit gehen Versuche zurück, die ich meine. Die dritte Person der göttlichen Dreieinigkeit war im heiligen Geiste gefunden. Es war von ganz unabsehbar wichtigen Folgen, daß er im Griechischen nur Neutrum sein konnte, $\pi\nu\varepsilon\tilde{\upsilon}\mu\alpha$ $\ddot{\alpha}\gamma\iota o\nu$. Aramäisch und hebräisch war der Geist weiblich gewesen (*rucha, ruach*). Das aramäische Evangelium, das die Ebioniten benutzten, hatte als Worte Jesu eingeführt: *Eben hat mich meine Mutter, der h. Geist, an einem meiner Haare ergriffen und auf den großen Berg Thabor getragen.* Man hat vielfach auch in der griechischen Welt die Dreieinigkeit Vater, Mutter, Sohn versucht, man kennt die gnostischen Systeme mit ihren Sophia, Achamoth usw., und die Mutter findet sich noch mannigfach in Resten von alter Liturgie; sie geht gelegentlich noch nebenher, wo schon das $\pi\nu\varepsilon\tilde{\upsilon}\mu\alpha$ $\ddot{\alpha}\gamma\iota o\nu$ eingeführt ist.[1] Die geltenden Evangelien

---

[1] Belege bei Usener *Dreiheit* 42 ff.

mußten diese Versuche erdrücken. Und doch bricht immer einmal wieder das alte drängende Bedürfnis durch, wie wenn der Graf Zinzendorf die Bezeichnung des heiligen Geistes als *Mutter aller Geister* in seiner Gemeinde durchsetzt oder wenn z. B. in einem Heftchen, das mir zufällig in der Gießener Universitätsbibliothek in die Hände fiel und aus dem Jahre 1873 zu stammen scheint: *Aufruf an alle Christen über die jetzige und zukünftige Zeit. Geoffenbart von Gott und seinen heiligen Engeln vom Jahre 1857 bis 1873*, zu lesen steht: *Gegeben vom heiligen Geist oder Mutter aller Geister am 12. Juni 1869*.[1] Der offenbarende heilige Geist redet die Menschen immer an „Liebe Kinder".

Wesentlich ist in dem religiösen Verlangen nach einer göttlichen Mutter, daß sie nicht bloß ϑεοτόκος, sondern die eigene Mutter, die Mutter der Menschen sei. Und so ist denn in der Frühzeit des alten Christentums schon der kühne Versuch gewagt worden, die „Kirche" zu einer solchen göttlichen Mutter zu formen. Schon Clemens sagt paedag. § 21 ἡ μήτηρ προσάγεται τὰ παιδία καὶ ἡμεῖς ζητοῦμεν τὴν μητέρα τὴν ἐκκλησίαν, § 42 μία δὲ μόνη γίνεται μήτηρ παρθένος· ἐκκλησίαν ἐμοὶ φίλον αὐτὴν καλεῖν. Tertullian redet ad martyras c. 1 von der *domina mater ecclesia*, und de oratione c. 2 spricht er von der Vaterschaft Gottes; wenn wir an ihn glaubten, gestatte uns Christus, uns Söhne Gottes zu nennen. Auch im Vater sei der Sohn angerufen. Er sagt, ich und der Vater sind eins. Auch ist die Kirche nicht ausgelassen, *ne mater quidem ecclesia praeteritur*; da du wahrlich, wenn du einen Vater und seinen Sohn anerkennst, damit auch eine Mutter anerkennst, die im Namen Vater und im Namen Sohn einbegriffen ist. Lehrreicher noch als all dies ist für uns eine Partie des Cyprian de unitate ecclesiae c. 5. 6 *habere iam non potest deum patrem, qui ecclesiam non habet matrem ... illius foetu nascimur, illius lacte nutrimur, spiritu eius*

---

[1] s. Usener a. a. O. 43.

animamur. Und bei S. Zeno sehen wir weiter, wie diese „Bilder" in der Predigt eigentliches Gepräge tragen können, Lib. II tract. XXX p. 240 (Migne P. L. XI 476) in der Invitatio ad fontem: *Iam vos sempiterni fontis calor salutaris invitat. Iam mater nostra adoptat, ut pariat: sed non ea lege, qua vos matres vestrae pepererunt, quae et ipsae partus dolore gementes, et vos plorantes sordidos, pannis sordidis alligatos, huic mundo dediticios intulerunt.* Oder aber im tract. XXXIII *Fontanum semper virginis matris dulcem ad uterum* (d. i. das Taufwasser) *convolate ... O admirabilis et vere divina sacrosancta dignatio! in qua quae parturit, non gemit; qui renascitur plorare non novit. Haec renovatio, haec resurrectio, haec vita aeterna, haec est mater omnium, quae nos adunatos, ex omni gente et natione collectos, unum postmodum efficit corpus.*[1]

Wir spüren die Anklänge an den alten Glauben an die Erdmutter: in ihrem alleinseligmachenden Schoß nimmt diese Mutter alle Gläubigen auf und gebiert sie zu neuem Leben. Das Sakrament von Eleusis gab die Gewißheit neuer Geburt aus der Erdgöttin zu einem neuen Leben. Der einst so mächtige Glaube war nicht aus den Herzen der antiken Menschen geschwunden, als sie Christen wurden. Er drängte immer neu ans Licht. So individuell und geschichtlich bedingt und bestimmt die einzelnen Phasen dieses religiösen Gedankens, dem wir nachgehen, gewesen sind, wird man diese Phasen und Ausprägungen wirklich geschichtlich zu verstehen sich anheischig machen, ohne zu dem ewigen Untergrunde der Volksreligion hinunterzusteigen, soweit wir sehen und freilich oft nur tasten können?

---

[1] F. C. Conybeares ausgezeichnete Untersuchung *The Virgin Church and the Virgin Mother, a study of the origin of Mariolatry* (die bis jetzt nur als Presidential Address, *read before the Historico-Theological Society in Oxford,* 1902 vorliegt, demnächst aber im Archiv für Religionswiss. erscheinen wird) hat mir eine Anzahl der Stellen geliefert. Er hat besonders diese Gedanken in sehr bestimmten und festen Ausprägungen in der armenischen Kirche aufgewiesen und weiterverfolgt.

Die vielleicht seltsamste Blüte hat der alte Volksglaube getrieben, als er von allen Seiten durch den mächtigen Kirchenglauben beeinflußt und eingeengt war. Wie Maria die jungfräuliche Mutter Christi ist, so ist nun die Erde die jungfräuliche Mutter Adams. Daß sie jungfräulich ist, wird dann aber so erklärt, daß sie noch nicht vom Regen befruchtet oder noch nicht von Menschen bepflügt war oder daß sie noch keinen Leichnam geborgen hatte. Man erkennt, wie die alte Volksreligion in den Fesseln der kirchlichen Lehre sich windet, sich verrenkt und hier und da ein Glied befreit. Bei Irenaeus, Tertullian, Firmicus Maternus finden sich Stücke der nun schon entstehenden Volkstradition, und durch das christliche Mittelalter hindurch findet sich eine große Zahl von Zeugnissen, besonders aus mittelhochdeutscher Dichtung. Reinhold Köhlers wunderbare Gelehrsamkeit hatte sie längst in großer Fülle zusammengestellt.[1]

Es wird nicht leicht präzise darzulegen sein, wie viel der christliche Glaube und die Ausbildung der Lehre von der Auferstehung an Lebenskraft zog aus dem alten Glauben an die zu einem neuen Leben wiedergebärende Mutter Erde. Sehen wir nur die erste ausführliche Belehrung über die Auferstehung an, die Paulus den Korinthern (I 15, 35 ff.) schrieb: „Aber man wird sagen: wie sollen die Toten auferstehen? mit was für einem Leibe kommen? Du Tor! Was du säest, wird nicht wieder lebendig, wenn es nicht gestorben ist, und was du säest, ist nicht der Körper, der werden wird, sondern ein nacktes Korn von Weizen oder was es gerade sonst ist ... (42) so auch die Auferstehung der Toten, es wird gesät im Vergehen ($\dot{\epsilon}\nu\ \varphi\vartheta o\varrho\tilde{q}$) und wird aufgeweckt in Unvergänglichkeit ($\dot{\epsilon}\nu\ \dot{\alpha}\varphi\vartheta\alpha\varrho\sigma i\alpha$).“ Daß ich diese heilige Symbolik nicht für die antiken Anschauungen unmittelbar voraussetze, wird man gesehen haben; man wird aber auch nicht im Zweifel sein, wie tief die Parallele, deren sich Paulus bedient, im griechischen

---

[1] Jetzt in seinen *Kleinen Schriften* II 7 ff.

wie in so manchem anderen Volksglauben gewurzelt ist. Und es wird wohl kein Zufall sein, daß er so gerade nach Korinth schreibt, wo gewiß die meisten derer, die Christen wurden, vorher Mitglieder der Mysteriengemeinden waren, in denen allen die Lehren und Sakramente der Neuzeugung und Neugeburt in verschiedenen Variationen, wie wir sie oben kennen lernten, im Mittelpunkte des religiösen Lebens standen.

Ich gehe nicht weiter hinaus über die antike Welt. Aber ihre direkte Einwirkung reicht auch in dem Gedanken, den wir verfolgten, außerordentlich weit. Wir wissen, daß Goethe die Anregung dazu, Faust den Gang zu den Müttern gehen zu lassen, unmittelbar einer Erzählung des Plutarch im 20. Kapitel des Marcellus verdankte[1], wo von der Verehrung der „Mütter" in Engyion in Sizilien berichtet wird und von der Flucht des Nikias, der sich von den Müttern besessen und verfolgt stellt und durch die heiligen Schauer, die alle ergreifen, zu entkommen weiß. „Die Mütter, Mütter — es klingt so wunderlich" wird Goethe selbst gesagt oder empfunden haben, als ihm die Übersetzung des Plutarch vorgelesen wurde, und er hat sich nun danach die Anschauung von einer geheimnisvollen Stätte ausgestaltet, wo die Dinge ruhen, von wo sie ins Dasein treten und wohin sie zurückgehen, wenn sie sich ausgelebt haben. Der Dreifuß drunten ist, wie man sich ausgedrückt hat, „eine Art Brutstätte alles Lebens". Wir fühlen in der Goetheschen Szene, die sich wie von selbst zum geheimnisvollen Mysterium gestaltet, noch unmittelbar die Schauer auf uns wirken, die der antike Mensch empfand, wenn er zur Mutter alles Lebens, der Mutter Erde, betete. „Das Schaudern ist der Menschheit bestes Teil" steht in dieser Partie des Faust.

Ohne weiteres wird man sich der Auffassung erinnern, die Goethe von der „Natur", „Mutter Natur" vielfach ausgesprochen hatte, die er so früh schon den Erdgeist aus-

---

[1] Düntzer *Goethes Faust* II 82 ff., Schröer II 3 LVI f.

sprechen läßt, „Geburt und Grab ein ewiges Meer", vor allem auch der anderen Worte:

„Wo faß ich dich, unendliche Natur?
Euch Brüste alles Lebens,
An denen Himmel und Erde hängt,
Dahin die welke Brust sich drängt —
Ihr quellt und tränkt und schmacht' ich so vergebens?" —

Die Anschauung von der „Mutter Natur" schöpft unbewußt *
bis zum heutigen Tage aus dem unversiegbaren Brunnen lebendigen Volksglaubens. Die Entwickelung der antiken Begriffe φύσις und *natura* geht aus den Sphären der Volksreligion hinaus, die ich hier zu untersuchen mir vorgesetzt hatte. Und meinen Lesern will ich es überlassen, dem Gedanken nachzugehen, wie der modernste, freieste Denker, wenn er seine Ansicht von der ewigen Mutter Natur ausspricht, indem er vielleicht stolz sich einen Atheisten nennt, aus den ältesten und tiefsten Quellen religiösen Denkens der Menschheit den Trank schöpft, nach dem ihn dürstet. Und in welchen „Bildern" denken wir denn, wenn wir ein Höchstes unserer wissenschaftlichen Erkenntnis in eine Form fassen wollen, die unendliche Entwickelung alles Lebens auf Erden?

Nachträge

S. 6. Ausführlich geht auf diesen Abschnitt ein E. Samter, Geburt, Hochzeit und Tod, Teubner 1911, S. 2ff. Er fügt zwei neue Zeugnisse für den römischen Brauch des Legens der Neugeborenen auf die Erde (Suet. Nero 6; Ovid Trist. IV 3, 46) und mehrere nichtrömische Parallelen, auch für die Niederlegung der Sterbenden hinzu, bespricht die Art der Niederkunft im Altertum und schließt aus ihr (S. 20), daß 'nach griechischem Glauben die Gebärende mit der Erde, mit dem Reiche der Unterirdischen in Verbindung gebracht werden mußte, damit die Geburt glücklich von statten gehe, d. h. eben damit aus der Erde die Seele des Kindes emporsteige': s. oben S. 27. W(ünsch).

Levana ist wohl vom Aufheben der Kinder nach der Geburt, die ja auf der Erde erfolgte, zu verstehen. S. 11. XIX 110 ὅς κεν ἐπ' ἤματι τῷδε πέσῃ μετὰ ποσσὶ γυναικός. R. Reitzenstein.

Z. B. Tac. Agr. 6: *nam filium ante sublatum brevi amisit.* E. Fehrle.

S. 8. Auch für Griechenland vermutet Ähnliches K. Ziegler *De precationum apud Graecos formis*, Diss. Breslau 1905 p. 75 These VI: *Graecorum quoque morem fuisse, ut pueros modo natos in terra ponerent ... comprobatur verbis Theocriti id. XVII, 58 sq.* Die Verse lauten (Ptolemaios ist angeredet): καί σε Κόως ἀτίταλλε βρέφος νεογιλλὸν ἐόντα, | δεξαμένα παρὰ ματρός, ὅτε πρώταν ἴδες ἀῶ. Aber der Dichter denkt nicht an den Erdboden der Insel, sondern er führt die Inselgöttin als Weib, als Amme ein (vgl. 64: Κόως δ' ὀλόλυξεν ἰδοῖσα, | φᾶ δὲ καθαπτομένα βρέφεος χείρεσσι φίλῃσιν). W — Ein verwandter Brauch ist mitgeteilt in den Wiss. Mitteilungen aus Bosnien und der Herzegowina VI 1899, 612 no. 19: Ein neugeborenes Kind wird nach dem ersten Bade eingewickelt und von irgend einer Frau an einem Kreuzweg niedergelegt. Die Frau versteckt sich in der Nähe, bis jemand vorbeikommt. Diesem reicht die Frau das Kind mit den Worten: 'Empfang, Gevatter, dein Patenkind, so dir Gott helfe und der hl. Jovan!' Wenn der Betreffende die Patenstelle annimmt, wird das Kind aufgezogen. Hier ist der Pate an die Stelle des Vaters getreten (vgl. oben S. 34). S. auch den Adoptionsritus in Loango, Archiv f. Rel. Wiss. XI 1908, 405. H. Hepding.

Von der kräftespendenden Natur der Erde handelt L. Radermacher, Venus in Ketten, Westd. Zeitschr. XXIV 1905, 219ff. W — Nach einer Erzählung aus dem Kanton Zug gewannen zwei gefangene Hexen durch die Berührung mit der Erde neue Kraft (Schweizer Archiv f. Volksk. II 107, 108, 112). E. Hoffmann-Krayer. — Bischoff, Talmud-Katechismus

S. 59: R. Simeon ben Schabach beraubte Hexen der Zaubermacht, indem er sie von der Erde in die Höhe hob.

Anm. 1. Grimm, Deutsche Rechtsaltertümer I⁴ 627f.; W. Mannhardt, Germ. Mythen. 313. H. Hepding. — Die Sitte des Aufhebens der Kinder ist nachgewiesen auch von Hübler, Bayer. Schwaben und Neuburg, 1901 S. 165f. E. Hoffmann-Krayer.

Anm. 2. Meyer schöpft aus 'Beschreibung des Amtes Öhringen' S. 40. H. Hepding. — Arthur Fitger, Auswanderer Str. 6: den Eltern wird in der Fremde ein Sohn geboren. 'Sie legen ihn auf den geweihten Grund, den sie entrangen der Wildnis: 'Hier wachse, gedeihe frei und gesund."

S. 9 Anm. Der Urquell N. F. I 1897, 9: Das neugeborene Kind wird bei den Slovaken in Oberungarn auf die Erde gelegt, damit etwas Tüchtiges aus ihm wird. — Demeter Dan, Exarch und Pfarrer in Straza, Glaube und Gebräuche der Armenier bei der Geburt, Hochzeit und Beerdigung, Zeitschr. für österr. Volkskunde X 1904, 99: 'Die Kinder pflegt man öfters aus der Wiege herauszunehmen und auf bloßer Erde schlafen zu legen, damit sie Kraft bekommen... An einigen Orten pflegen die Hebammen ein wenig Erde vom Grabe eines Heiligen zu bringen und in die Wiege des Kindes zu legen, damit dieses Kraft und Leben, dann den Segen und die Gabe des Heiligen bekomme.'

S. 11. S. J. A. Hild, Tellus mater, Daremberg-Saglio *Dictionnaire des antiquités* Halbbd. IX p. 73—83. W

Anm. Frankfurter Zeitung 14. Januar 1905 Nr. 14, 2. Morgenblatt: In einem kleinen Städtchen in Mecklenburg starben einem Ehepaar nacheinander fünf Kinder. Da wurde den Eltern bei der Geburt des sechsten Kindes von den Nachbarn geraten, diesem einen Namen zu geben, der das Wort 'Erde' enthalte, 'damit die Erde ihr Kind beschütze'. Das Kind wurde Erdmute genannt und blieb am Leben.

S. 13 Anm. 3. Ratzel, Polit. Geographie ² 1903, 501: Bei den Maori haben die Anverwandten ein Recht auf den Boden, 'wo ihre Toten lagen, auch auf den, wo einer von ihnen getötet oder versehrt worden war. Umgekehrt hat bei manchen Völkern jeder einen Anspruch auf das Land, wo er geboren wurde, was die Maori damit begründeten, daß dasselbe das erste Blut des Neugeborenen getrunken habe, und bei den Australiern kommt sogar ein Anspruch auf das Land vor, wo die Empfängnis stattgefunden hatte... Daß endlich in der Auffassung malayo-polynesischer und amerikanischer Völker die Erde die Mutter der Menschen und aller anderen Lebewesen ist, daher bei vielen göttliche Ehren genießt, kann auch nicht ohne Niederschlag in der Auffassung dieses Verhältnisses eines Volkes oder Völkchens zu seinem Boden sein.'

S. 14. Die christl. Welt 1907 Sp. 706: Der russische Bauer spricht von seinem Lande: 'Die Mutter Erde ist krank und kann nicht gebären, und nichts kann aus ihr reifen. Sie ist krank von dem Blut, das sie nun schon zwei Jahre lang trinken muß. ... Ihr aber, dem Mütterchen, sind alle gleich, alle sind ihre Kinder, und sie liebt alle gleichmäßig. Und wessen Blut die Erde auch trinken muß, immer ist es das Blut ihrer Kinder. Und dadurch ist sie vor Kummer krank geworden. Und sie stöhnt bitterlich ... geh hinaus ins Feld und wirf dich an die Brust unserer schmerzensreichen Ernährerin, dann wirst du ihr Stöhnen hören.' — J. Abramov *Christian Martyrdom in Russia*, London 1897, erzählt, daß die Frauen (der Duchoborzen 1841), als sie von ihrem geliebten Lande, das sie so lange genährt, Abschied nahmen, niederknieten und ihre Brust an die Erde drückten; sie küßten den Boden und streckten schluchzend ihre Arme zum Himmel, traurige Hymnen dabei singend. Aber die Erde, an welche sie ihre Brust drückten, und die Männer, die sie hätten hören sollen, blieben taub. Zitiert von Spitzka, Archiv f. Kriminalanthrop. XIV 11. H. Hepding. — Andree, Volksk. der Juden S. 182: 'Wenn (bei den Juden im Kaukasus) eine Frau in Kindsnot ist und die Geburt nicht folgen will, so nimmt man Erde vom Grabe einer Person, welche im Verlauf der letzten 40 Tage gestorben, tut die Erde in ein Glas mit Wasser und gibt davon der Kreißenden zu trinken ... Im Dorfe Mamrusch (Gebiet von Kjurinsk) wurde ... ein Knabe geboren. Die Kreißende lag auf dem Erdboden auf Stroh in einem besonderen Gemach.' E. Hoffmann-Krayer.

Die Erde gilt in Indien als besonders heilig; man legt die Sterbenden, ebenso wie die Gebärenden auf den Erdboden: G. Oppert, Zeitschr. f. Ethnologie 37, 1905, 512. Ebenda 345 ff.: Aditi, die Mutter der Götter, ist die Erde. H. Hepding. — Über Aditi vgl. Chantepie de la Saussaye, Lehrbuch der Religionsgeschichte II³ 17. Rig Veda X 18, 10 in einem Begräbnislied: 'Geh hin zur Mutter, gehe hin zur Erde.' Winternitz, Gesch. der ind. Litt. S. 155: 'Bei der Königsweihe blickt der König auf die Erde hinab und betet: 'Mutter Erde, mögest du mich nicht verletzen noch ich dich.'' A. Bertholet.

S. 15. 'Mutter Erde' bei den amerikanischen Völkern: Chantepie de la Saussaye, Lehrbuch der Religionsgeschichte I³ 36 f., bei den Babyloniern ebenda I 288. A. Bertholet.

Dänischer Glaube an die Wiedergeburt aus der Erde: M. Höfler, Archiv f. Rel. Wiss. XII 1909, 348. W — S. auch die Deutung der Menschenursprungsmythen *American Anthropologist N. S.* IV 1902, 737 f. A. Vierkandt.

C. Robert, Die Iasonsage in der Hypsipyle, Herm. XLIV 1909, 399: 'Der von Hygin bewahrte Zug fab. 74 *responsum erat ne in terram puerum deponeret, antequam posset ambulare* hängt mit uralten religiösen Vorstellungen zusammen, über die Dieterich in seiner Schrift über Mutter Erde sehr schön gehandelt hat, merkwürdiger Weise, ohne sich der nemeischen Sage zu erinnern. Die Erde fordert sich ihr Geschöpf, das der Vater einst von ihr aufgehoben hat, wieder zurück, sobald es wieder auf sie niedergelassen wird, und ihr Scherge ist das chthonische Tier, die Schlange' W

S. 16. Niederlegen der Kinder auf die Erde bei den Tupis und Azteken in Südamerika: Deubner Archiv f. Rel. Wiss. IX 1906, 290, nach Globus 89, 60 und 63. — B. Struck, Niederlegen und Aufheben der Kinder von der Erde, ebenda X 1907, 158 (Brauch an der Goldküste und am Viktoriasee); Ders., Nochmals 'Mutter Erde' in Afrika, ebenda XI 1908, 402 ff. — W. Spiegelberg bemerkt ebenda IX 1906, 144 f., daß in Ägypten die Niederkunft so erfolgte, daß die Gebärende auf zwei Ziegelsteinen, also fast auf der Erde saß, und daß äg. 'auf die Erde legen' gleichbedeutend ist mit 'gebären'. W — Daß auf zwei Steine der neugeborene Israelit in Ägypten gelegt wurde (Exodus I 16), betont L de Lacger *Bull. crit.* 1906, 324.

In des Abtes Aelfric Homilie *De auguriis* (herausg. von Skeat *Aelfric's Lives of Saints*, London 1881 S. 374) findet sich folgende Stelle (wörtlich übersetzt): 'Auch gehen manche törichte Frauen zu Wegekreuzungen und ziehen ihre Kinder durch die Erde, und damit überliefern sie sich und ihre Kinder dem Teufel.' Die Homilie, geschrieben um 1000, ist in ihren Hauptteilen aus dem pseudo-augustinischen *Sermo de auguriis* (Migne 39, 2269) geschöpft. Aber obige Stelle steht dort nicht, man darf sie also wohl für das damalige England in Anspruch nehmen. Vgl. auch die Homilie *De falsis Diis* (Kluge's Lesebuch S 89): 'Manche glauben an die Erde, weil sie alle Dinge ernährt.' M. Förster.

Anm. 1. E. Bethe, Hess. Blätter für Volksk. IV 1905, 136 Anm. 1 lehnt diese Erklärung ab. H. Hepding.

S. 17. S. L. Sütterlin, 'Mutter Erde' im Sanskrit, Archiv f. Rel. Wiss. IX 1906, 533 ff.; 'Himmel und Erde erzeugten Alles' in einem buddhistischen Text, ebenda XII 1909, 499; Himmel und Erde in der chinesischen Religion verbunden, ebenda XIII 1910, 119, 125. W

S. 19. Alttestamentliche Parallelen für Kind und Erde gibt W. Dittmar, Zeitschr. f. neut. Wiss. IX 1908, 341 f. L. Deubner. — Über Geburt aus Bäumen bei den Hupas in Kalifornien, aus Fels und See bei den Peruanern berichtet K. Th. Preuß in seiner Besprechung der 'Mutter Erde', Archiv f Rel. Wiss. IX 1906, 111 ff. W — Weitere Literatur steht bei Ad. Kuhn, Sagen, Gebräuche und Märchen aus Westfalen I 241 f.; Am Urquell IV 1893, 224 ff., V 1894, 80 f., 162, 254, 287, VI 1895, 41, 125, 159, 218. Hessische Kinderbrunnen zählt auf Lyncker, Zeitschr. des Ver. f. hess. Gesch. VII 1858, 218 f. In Bisses bei Echzell in der Wetterau kommen die kleinen Kinder aus dem Prinze-Börnche. Man führt oft die Kinder dorthin und zeigt ihnen, wenn sie sich im Wasser spiegeln, die kleinen Kinderchen im Wasser, die darauf warten, abgeholt zu werden (mündlich). Vilmar, Idiotikon von Kurhessen 478: in und um Hünfeld, im Hauengrund, hier und da im Gebirgsteil der Grafschaft Ziegenberg, wie auf dem Vogelsberg (und in der Wetterau) wird die Hebamme den Kindern gegenüber Borneller (s. oben S. 19 Anm. 1) genannt, weil sie die Kinder aus dem Kinderbrunnen schöpft. J. M. Gassner, Aus Sitte und Brauch der Mettersdorfer (Progr. Bistritz 1902) S. 5: die Hebamme bringt das Knäblein, wie auch in anderen siebenbürgisch-sächsischen Gemeinden vom knorrigen Birnbaum, das Mädchen vom schlanken Zwetschenbaum. Ebenda S. 18 f.: hat das Kind zum ersten Mal auf dem Feld in der Feldwiege geschlafen, legt die Mutter von der Stelle, wo sie gestanden, Erde in die Wiege und trägt sie nach Hause, um dem Kind den Schlaf zu behalten. H. Hepding. — In Saarbrücken kommen die kleinen Kinder aus dem Herzogsbrunnen. S. Brandt. — Herkunftsglauben in der Schweiz: Im Oberwallis holt das 'Waldbrüedri' (Einsiedler) das Kindchen in einem Sack von einem Gletscher, finsteren Tale oder Graben. Im Aargau kommt es aus dem 'Kindlistein' (meist irgend ein auffallender Felsblock). Die Hebamme klopft entweder an und geht dreimal pfeifend um den Block, oder sie rutscht mit dem nackten Hintern über den Stein oder sie öffnet mit einem goldenen Schlüssel. Kindlisteine auch am Ütliberg bei Zürich, im Walde Hondern bei Neßlenbuch (Aargau), zu Wohlen (Aargau) der 'Herrmandlistein' (wohl: Herdmandli, Erdmännchen), an der Burgfluh bei Wölfliswil (Aargau) der 'Ankenkübel' (ein butterfaßförmiger Stein). In Aarau birgt das Felsengewölbe unter der Stadtkirche (das 'Rollenloch') ungeborene Kinder. Im Prättigau (Graubünden) werden die Kinder aus hohlen Baumstrünken gehoben. E. Hoffmann-Krayer. — Im Elsaß holt man die Kinder aus dem Surbrunnen. Die Herkunft aus Teichen und Quellen könnte Rest eines alten Glaubens an mütterliche Gewässer sein. Aber vielleicht sind alle diese Erzählungen nur Versuche, die Neugier der Kinder zu befriedigen. V. Henry *Rev. crit.* 1906 S. 1.

S. 20 Anm. 'Man sagt in Frankreich den Kindern, welche nach der Herkunft der Neugeborenen indiskret fragen, daß sie unter dem Kohle gefunden werden.' Hess. Blätter für Volksk. IX 1910, 187. H. Hepding.

Anm. 1. Zeitschr. f. deutsche Mythol. IV 1859, 1, 7, 8; Kindstein in Unter-Widdersheim, Jahresber. des oberhess. Ver. f. Lokalgesch. V 89. H. Hepding.

S. 21. Auf der Akropolis wurden in den Resten der alten ('mykenischen'?) Häuser mehrere Kindergräber gefunden. P. Wolters. — S. Jahn-Michaelis *Arx Athenarum a Pausania descripta, Tabulae* S. II no. 24. Die neuere Literatur über Begraben und Verbrennen in der Antike s. Archiv f. Rel. Wiss. XIV 1911, 556. J. Zehetmaier, Leichenverbrennung und Leichenbestattung im alten Hellas, Leipzig 1907, 156 meint, die kleinen Kinder seien nicht verbrannt worden, weil sie des Scheiterhaufens nicht wert gewesen seien. Dagegen hat J. de Mot im Sinne Dieterichs Stellung genommen, *La crémation et le séjour des morts chez les Grecs, Mém. de la Soc. d'anthropologie de Bruxelles* XXVII 1908, no. 6. W

Anm. 1. S. a. Mannhardt, Germ. Mythen 669. H. Hepding.

S. 22. Vgl. auch die Sitte der Lappländer, zum Schlusse eines Opfers die gesonderten Teile des Opfertiers nebst den Knochen in einer Kiste zu begraben. 'Man glaubte, das Opfertier werde von den Göttern wieder belebt und in den Saiwo versetzt' (G. Klemm, Allg. Cultur-Geschichte der Menschheit, Bd. III, Leipzig 1844, S. 83). F. Fehrle.

S. 23. O. Gruppe, Die mythol. Liter. aus den Jahren 1898—1905, 353 vermutet, man habe die Säuglinge vielmehr deshalb nicht verbrannt, weil man ihnen noch keine Seele zuschrieb. Gruppe ist der Ansicht, Dieterich habe aus der antiken Welt kein ausreichendes Zeugnis dafür beigebracht, daß man wirklich geglaubt habe, die Kinder entstehen aus der Erde und werden durch die Seelen beerdigter Kinder belebt. W

Anm. 1. S. dazu L. Köhler, Zeitschr. f. neut. Wiss. IX 1908, 79 f. L. Deubner. — Ferner Fr. Schwally, Archiv f. Rel. Wiss. IX 1906, 508; H. Gressmann ebenda X 1907, 360 f. S. auch Fr. P. Dhorme *La Terremère chez les Assyriens*, Archiv f. Rel. Wiss. VIII 1905, 550 ff. W — 'S. meine Bemerkungen Die Studierstube 1905 S. 692 f. und Ps. 139, 15, wo es vom Menschen heißt 'gebildet im Verborgenen, gewirkt in den Tiefen der Erde'.' J. Böhmer.

S. 25. Rosegger, Der Höllbart: Der Großvater wird begraben. 'Der Hausvater nahm das jüngste Kind aus dem Arm der Mutter und stellte es über den Hügel, daß die nackten Füßchen die Erde berührten. Als dieses geschah, gab er den Kleinen der Mutter und sagte: 'Nimm, Weib, da hast du den Großvater jung und frisch wieder zurück'.' W. Uhde-Bonn. — 'Ein russischer Jude erzählte mir, daß er kürzlich zum ersten Mal Vater geworden sei, und ich fragte ihn nach dem Namen seines Söhnchens. Er antwortete, so und so, nach dem Großvater mütterlicherseits. Ich fragte: 'Warum ist er nicht Jakir, nach Ihrem eigenen Vater genannt?' — 'Der lebt ja noch', erwiderte er und versicherte mir auf meine Frage, daß man die Kinder nach dem schon gestorbenen Großvater neune 'zum Andenken'.' K. Ziegler. — Vgl. Vincent A. Smith *The alleged custom of naming a Hindu after his grand father*, Indian Antiquary 35, 125. Th. Zachariae. — Auch in der Schweiz erhält meist der älteste Knabe den Namen des Großvaters. E. Hoffmann-Krayer. — Als verbreitete thessalische Sitte läßt sich die Benennung nach dem Großvater aus Inschriften wie IG IX 2, 517 erschließen, wo z. B. Z. 49 nebeneinander stehen Φάλακρος Σιμίαιος, Σιμίας Φαλάκρειος. W

S. 26. *Chez les Parsis, on étale sur le sol un drap de coton blanc et l'on y couche le mourant.* V. Henry Rev. crit. 1906 S. 1. — Weiteres bei Th. Zachariae, Sterbende werden auf die Erde gelegt, Archiv f. Rel. Wiss. IX 1906, 538 ff. Ders., Einem Sterbenden das Kopfkissen wegziehen, ebenda XI 1908, 151 ff. (dazu S. Poznanski ebenda XII 1909, 414 f.) und XIII 1910, 626. W — Artemidor Oneirokr. I 13 p. 18, 7 ff. H.: der Traum, man werde von einem Weibe geboren, νοσοῦντι θάνατον προαγορεύει τὸ ὄναρ, ἐπεὶ καὶ οἱ ἀποθανόντες ἐχρισμένοις ἐνειλοῦνται ῥάκεσιν ὡς καὶ τὰ βρέφη καὶ χαμαὶ τίθενται. O. Weinreich. — P. von Melingo, Griechenland in unseren Tagen, Wien und Leipzig 1892, 195: Auf dem Friedhof zieht man dem Toten die Kleider aus, die er während des Zuges getragen, nimmt das Polster, auf dem das Haupt geruht, weg und ersetzt es durch einen Sack voll Erde. Das soll geschehen, um den Leichnam in möglichst nahe Berührung mit der Mutter Erde zu bringen.

Anm. 2. Rochholz, Deutscher Glaube und Brauch I 169. Dölger, Der Exorzismus im altchristlichen Taufritual 116: bis tief ins Mittelalter hinein reicht die Sitte, den Sterbenden auf ein auf dem Fußboden ausgebreitetes, mit Asche bestreutes Cilicium zu legen. H. Hepding. — H. Reinkens, Martin von Tours, Breslau 1866, 185: nach der Biographie des Sulpicius Severus ruhte St. Martinus in seiner letzten Krankheit in Asche und Cilicium auf dem harten Boden. Jos. Denk-München. — Der h. Ludwig in Tunis wollte auf Asche sterben, L. de Lacger *Bull. crit.* 1906, 325.

S. 27 Anm. 4. Rochholz, Deutscher Glaube und Brauch I 171. H. Hepding.

S. 28 Anm. Zustimmend F. Noack, Mitt. des anthrop. Ver. in Schleswig-Holstein 17, 1905, 7. H. Hepding. — E. F. Lorenz, Archiv f. Rel. Wiss. XVI 1913, Heft 1/2 verweist auf die Wiener Tageszeitung 'Die Zeit' vom 23. IV. 1910: 'nachdem Chulalongkorn gestorben war, wurde sein Leichnam einbalsamiert und in die Lage eines Kindes vor der Geburt gebracht'. W — H. Klaatsch, Die Todes-Psychologie der Uraustralier in ihrer volks- und religionsgeschichtlichen Bedeutung, Festschr. der Schles. Ges. für Volkskunde herausg. von Th. Siebs, Breslau 1911, 424 ff., vertritt die von O. Schötensack und R. Andree aufgestellte Ansicht, daß bei der Hockerstellung die Fesselung der Leichen die Hauptrolle spiele und keinen anderen Sinn habe als den des Festhaltens, des Verhinderns, daß der Tote sich umherbewege und den Überlebenden Schaden zufüge. Ich halte diese Erklärung in den meisten Fällen für richtig, die Worte auf S. 425 'jene sentimentalphantastische Richtung in . . . der Religionsgeschichte . . , wie sie durch Albrecht Dietrich vertreten wurde' für nicht berechtigt. Nachträge zu Andrees Aufsatz (Archiv f. Anthrop. VI 1907, 282 ff.) gibt I. Scheftelowitz, Das Schlingen- und Netzmotiv im Glauben und Brauch der Völker, Rel. gesch Vers. Vorarb. XII 2, 23. W — Unklar ist die Grundvorstellung bei von Haxthausen, Transkaukasia, Leipzig 1856, 2 S. 84; er berichtet von einem Feueranbeter, einem Greis in einem klosterartigen Gebäude, bewohnt von Ghebern in Atesch-Dja, 17 Werst von Baku entfernt, der, völlig nackt und den ganzen Körper mit Erde überzogen, auf Fragen antwortete: 'Von den vier Elementen verehre ich vorzugsweise die Erde, darum habe ich meinen ganzen Körper mit Erde überzogen, um in steter Berührung mit dem Elemente zu sein; ich will auch dereinst nach dem Tode in sitzender Stellung begraben werden.'

'An die Deutung der Hocker glaube ich nicht. Die Stellung ist die des (primitiven) Schläfers (Reinach *Rep. de la statuaire* I S. 540).' P. Wolters.

S. 29. Sühnung in einer Erdgrube Procl. in Plat. theol. IV c. 9 p. 193 nach Diels, Sibyllin. Blätter S. 70 Anm. H. Hepding.

S. 32. Über die Erdmutter bei den Indianern Mexikos s. K. Th. Preuß, Archiv f. Rel. Wiss. IX 1906, 467—476 an verschiedenen Stellen, XI 1908, 375. W

Anm. 1. Archiv VIII 1905, 546. W

S. 34 Anm. 1. Weitere Literatur über Namensänderung bei I. Scheftelowitz, Das Schlingen- und Netzmotiv im Glauben und Brauch der Völker, Rel. gesch. Vers. Vorarb. XII 2, 22f. W — Andree, Zur Volkskunde der Juden 1881 S. 181: 'Wie Zunz, Namen der Juden, Gesam. Schriften I 27 angibt, kam im 12. Jahrhundert die Sitte bei einzelnen jüdischen Gemeinden auf, den Namen des Kranken zu ändern, und so den Krankheitsdämon zu täuschen'. E. Hoffmann-Krayer.

S. 35. Eher des Wimmerns nach O. Gruppe (zitiert im Nachtrag zu S. 23), 352f. Die stimmverleihende Göttin sei als Lebensspenderin betrachtet worden; das Legen auf die Erde beziehe sich darauf, daß durch das Schreien des Kindes seine Lebensfähigkeit festgestellt werde. W

S. 36. S. L. R. Farnell *The cults of the greek states*, Bd. III 1907 Kap. I: *Cult of Ge*, S. 2ff. Über die Erdmutter im griechischen Kult handeln ferner Jane E. Harrison *Prolegomena to the study of greek religion* ² 1908, 260ff.; O. Gruppe, Griech. Mythol. und Religionsgesch. 1164ff. W

S. 38. Noch einmal von Dieterich ausgeführt in der 'Entstehung der Tragödie', Kl. Schriften 429ff. W

S. 39. Nur im Kretischen hieß das Vaterland μητρίς. Plato Rep. IX p. 575d: δουλεύουσαν τὴν πάλαι φίλην μητρίδα τε, Κρῆτές φασι, καὶ πατρίδα ἕξει. Weitere Literatur zu dieser Glosse im Thesaurus des Stephanus u. μητρίς. W

S. 41. Aber vgl. Soph. O. C. 1227 vom Sterben: βῆναι κεῖθεν ὅθενπερ ἥκει. W. Amelung.

Anm. 1. E. F. Lorenz, Archiv f. Rel. Wiss. XVI 1913, Heft 1/2 läßt Simon Dach von Verg. Georg. II 324—327 abhängig sein. W — Vgl. Simon Dachs Gedicht 'Du o getreue Mutter Erde', Ausg. von Österley S. 38. R. Petsch. — S. auch Logau II 4, 34 Der May (Ausg. des Lit. Ver. Stuttgart S. 300): 'Jeder Frühling ist ein Kuß, Den der Himmel gibt der Erde, Daß sie jetzo seine Braut, Später eine Mutter werde'. P. Wolters. — Carm. bur. 55 p. 147 Schmeller: *Veris ab instantia Tellus iam fit gravida In partum inde solvitur Dum florere cernitur.* A. Hausrath, Südwestdeutsche Schulblätter 1906, 202f. — Katholik 81, II S. 470 aus einem Kirchenlied des schwäbischen Teils der Diözese Augsburg: 'Thauet, Himmel, den Gerechten, Wolken, regnet ihn herab' Rief das Volk in bangen Nöten Dem Gott die Verheißung gab. 'Öffne Deinen Schooß, o Erde! Sproß hervor, o Heiland'. — S. auch Hölderlin I 99: 'Mutter Erde, rief ich, du bist zur Witwe geworden, Dürftig und kinderlos lebst du in langsamer Zeit'.

S. 42. Kaibel, Epigr. graeca n. 21b. W

Anm. 1. Keil und v. Premerstein, Denkschr. der Wiener Akademie, phil. hist. Kl. 54, II 1911, 46a. H. Hepding.

Anm. 2. Eur. Hel. 40 μητέρα χθόνα. L. Deubner.
S. 44. Plato Rep. III 414de: die Archonten und Krieger sollen glauben ὡς ... ἦσαν ... τῇ ἀληθείᾳ ὑπὸ γῆς ἐντὸς πλαττόμενοι καὶ τρεφόμενοι καὶ αὐτοὶ καὶ τὰ ὅπλα αὐτῶν καὶ ἡ ἄλλη σκευὴ δημιουργουμένη, ἐπειδὴ δὲ παντελῶς ἐξειργασμένοι ἦσαν, καὶ ἡ γῆ αὐτοὺς μήτηρ οὖσα ἀνῆκεν, καὶ νῦν δεῖ ὡς περὶ μητρὸς καὶ τροφοῦ τῆς χώρας ἐν ᾗ εἰσι βουλεύεσθαί τε καὶ ἀμύνειν αὐτούς. W

Die Autochthonie erscheint auch im Epos bei Asius frg. 8 Kinkel (Paus. VIII 1, 4): ἀντίθεον δὲ Πελασγὸν ἐν ὑψικόμοισιν ὄρεσσι | γαῖα μέλαιν' ἀνέδωκεν, ἵνα θνητῶν γένος εἴη. W

Anm. 1. "Ἀφιδνε, γαίας υἱὲ τῆς ἀμήτορος: v. Wilamowitz, Berl. Sitz. Ber. 1907, 7. H. Hepding.

S. 45. Nach Apollonius von Rhodos war der höchste Eid der Kolcher der bei Himmel und Erde (ἴστω Κόλχων ὅρκος ὑπέρβιος, ὅντιν' ὀμόσσαι | αὐτὴ ἐποτρύνεις, μέγας Οὐρανὸς ἠδ' ὑπένερθεν | Γαῖα, III 714 ff.). Dieselben Kolcher hingen verstorbene Männer in Rindshäuten an Bäumen auf, die verstorbenen Frauen begruben sie (ἀνέρας οἰχομένους ... θέμις ... | .. ἐν ἀδεψήτοισι κατειλύσαντε βοείαις | δενδρέων ἐξάπτειν ἑκὰς ἄστεος. ἠέρι δ' ἴσην | καὶ χθὼν ἔμμορεν αἶσαν, ἐπεὶ χθονὶ ταρχύουσιν | θηλυτέρας, ebenda III 204 ff.). Vielleicht darf man aus dieser Unterscheidung schließen, daß auch die Kolcher den Himmel, dessen Element sie die Männer anvertrauten, für männlich, die Erde für weiblich hielten. W

Anm. 6. S. auch H. Usener, Kl. Schriften IV 315. W

S. 46 Anm. 2. E. Rohde, Kleine Schriften II 355, 377. W

S. 47. Vgl. auch Manu XX 33: *La femme est considérée comme le champ et l'homme comme la semence; c'est par la coopération du champ et de la semence qu'a lieu la naissance de tous les êtres animés.* Zitiert bei Lanessan *La morale des religions* S. 152. A Bertholet.

S. 48 Anm. Belege aus dem Sanskrit bei Sütterlin (zitiert im Nachtrag zu S. 17) 535 ff. W — Vgl. Piger, Das Schnaderhüpfel in der Iglauer Sprachinsel, Zeitschr. f. österr. Volksk. 1896, 21: 'I hab amal g'ackert, I hab amal g'eggt, I hab amal g'schlofa Beim Dirnl im Bett'. — Lettische Totenklage (Globus 82, 1902, 370): 'Warum weinst Du, liebe Schwester, An des Hofes Pforte stehend?' 'Hab geseh'n, wie meinen Pflüger *(arajs)* Fort zum Grabe man geführt'.

S. 49. Dem Toten wurden Ähren und Getreidekörner mitgegeben (vormykenisches Grab bei Elateia); Getreidekörner, Weinkerne und Bohnen fanden sich in Kindergräbern des Forums: v. Duhn, Archiv f. Rel. Wiss. XI 1908, 411 f. W

S. 51 Anm. 2. Philostr. her. p. 182, 9 K läßt Agamemnon den Herold verkünden μὴ θάπτειν τὸν Παλαμήδην μηδὲ ὁσιοῦν τῇ γῇ. L. Deubner.

S. 52. Die Chinesen lassen sich nur in der heimischen Erde begraben. L. Sütterlin. — Zeitschr. f. Ethnol. XXI 1889, 124: Die Chiquitos oder Moskos kehren bei Krankheit aus der Fremde nach dem Geburtsort zurück, um auf heimischer Erde zu sterben. Zu ähnlichem Zwecke nahm Thorolfr auf der Fahrt nach Island heimische Erde mit. E. Fehrle.

S. R. Wünsch, Zur Geisterbannung im Altertum, Breslauer Festschrift (zitiert im Nachtrag zu S. 28) S. 14. Danach hat man vielleicht nur den Dämon des Begrabenen gefürchtet, ohne an ein Wiedererstehen zu denken. W — Jüdischer Glaube an die Wiedergeburt durch die Heimaterde: L. Deubner, Archiv f. Rel. Wiss. XII 1909, 159 nach Globus 92, 261 f. W

Anm. 1. Dittenberger Syll. [2] no 80 Z. 61 f. W

S. 53. Οὐ θέμις ἐνταῦθα κεῖσθαι [ε]ἰ μὴ τὸν βεβακχευμένον. Cumanische Inschrift *Not. d. sc.* 1906 S. 377 ff.; D. Comparetti Ausonia I 13 ff. — Diese Inschrift eines kumanischen Mystenfriedhofs ist zuletzt ediert von Dom. Comparetti *Laminette orfiche,* Firenze 1910, 47 ff. W

S 54. S. R. Lasch, Der Eid, Stuttgart 1908, S. 30 Kap. 10: Himmel und Erde im Eide. W

S. 55. 'Demeter als Erdmutter waltet der Toten' auf einer Inschrift des Asklepieions von Kos bei R. Herzog, Archiv f. Rel. Wiss. X 1907, 400 ff. W

Dom. Comparetti *Laminette orfiche* S. 17. Verwandte Riten anderer Völker behandelt Th. Zachariae, Scheingeburt, Zeitschr. des Ver. f. Volksk. XX 1910, 141 ff. W

S. 56 Anm. 1. Harrison 2. Aufl. 672; Comparetti *Laminette orfiche* S. 42 ff. W

S. 60. Dienst der Muttergöttin in Olympia Weniger, Klio VII 1907, 145 ff. H. Hepding. — Das Vorhandensein eines Erdspaltes in Delphi wird jetzt bestritten, s. E. Fehrle, Kultische Keuschheit, Rel. gesch. Vers. Vorarb. VI 79 f. W

Dio v. Prusa I 52 ff. erzählt, wie er auf dem Wege nach Pisa am Alpheios in einem heiligen Hain eine Prophetin trifft, die von sich sagt ἔχειν . . τὴν μαντικὴν ἐκ μητρὸς θεῶν δεδομένην. W

Alttestamentliche Inkubation: s. W. Dittmar, Zeitschr. f. neut. Wiss. IX 1908, 344. L. Deubner.

S. 61 Anm. 5. S. Nachtrag zu S. 13 Anm. 3. W

S. 62. Wie in Griechenland gehört auch in Indien die Muttergottheit (Amma) der Urbevölkerung an und ist dann vom (brahmanischen) Kultus übernommen worden: G. Oppert, Zeitschr. f. Ethnologie 37, 1905, 510 f. H. Hepding.

Über die kretische Muttergottheit handelt R. Dussaud *Questions Mycéniennes, Rev. hist. rel.* LI 1905, 24 ff. und H. Prinz, Bemerkungen zur altkretischen Religion, Ath. Mitt. XXXV 1910, 149 ff., namentlich 174 f.; vgl. auch Jane E. Harrison *Bird and pillar worship in connexion with ouranian divinities, Transactions of the 3. intern. congress for the hist. of rel.*, Oxford 1908, II 154 ff. W

Anm. 1. Verschiedene Einzelfragen des griechischen Kultus der Ge behandelt E. Maass, Mutter Erde, Jahresh. des österr. archäol. Instit.

XI 1908, 1 ff.; die germanische Verehrung der Mutter Erde in der Internat. Wochenschrift vom 28. V. 1910. Für das Fortleben der heidnischen *Matres* ist noch zu vergleichen M. Andree-Eysn, Volkskundliches aus dem bayr. österr. Alpengebiet 35 ff. W

S. 63. Über Ἀθηνᾶ μήτηρ handelt E. Fehrle (zitiert im Nachtrag zu S. 60) 183 f.; Fr. Pfister, Der Reliquienkult im Altertum, Rel. gesch. Vers. Vorarb. V 10 f. W — Ἐφημερὶς ἀρχαιολ. 1886 Taf. 9 S. 179 und S. 272. P. Wolters.

S. 64. Aber s. das Orakel an Deukalion und Pyrrha, welche die Menschen aus Steinen schaffen sollen, Ov. Met. I 383: *ossaque post tergum magnae iactate parentis*, was 393 ausgedeutet wird: *Magna parens terra est.* W

S. W. Fröhner, Göttergaben, Archiv f. Rel. Wiss. XV 1912, 383 f. W

S. K. Schwenck, ἀπὸ δρυὸς ἀπὸ πέτρας, Philol. XIV 1859, 391 ff.; A. B. Cook *Oak and rock*, *Class. Rev.* 1901, 322 ff. W — Auf die biblische Vorstellung von Kindern aus Steinen weisen hin L. Köhler, Zeitschr. f. neut. Wiss. IX 1908, 77 f. und W. Dittmar ebenda 341. L. Deubner.

S. 66. Die Erde ist auch heilkräftig, s. Marc. Emp. 32, 20: *Surculum quoque ex myrto terra tactum si quis gerat, ab inguinibus tutus erit.* Für heilkräftig galt die Erde in Lemnos, Ath. Mitt. 31, 72 f.; Neumann-Partsch, Geogr. von Griechenland 317. L. Deubner.

S. 67. Auch das Pervigilium Veneris kennt die Ehe des Aether und der Erde, v. 59 ff.; aus der Erde wird Amor geboren (78 *hunc ager cum parturiret*). E. Fehrle.

S. 68. Dem Pindar zugeschrieben, s. frg. 74 Schröder. W

Herod. VI 107: "Ὄψιν ἰδὼν ἐν τῷ ὕπνῳ τοιήνδε· ἐδόκεε ὁ Ἱππίης τῇ μητρὶ τῇ ἑωυτοῦ συνευνηθῆναι. συνεβάλετο ὦν ἐκ τοῦ ὀνείρου κατελθὼν ἐς τὰς Ἀθήνας καὶ ἀνασωσάμενος τὴν ἀρχὴν τελευτήσειν ἐν τῇ ἑωυτοῦ γηραιός. M. Siebourg. — Orac. Sibyll. II 160: ἐπὶ χθονί, μητέρι λαῶν. W — Γηγενεῖς ἄνθρωποι Sext. Emp. IX 28; γηγενεῖς auch in einem Orakel bei Strabo XIII 604 C, wo der Hörer auch an Menschen denkt, aber Feldmäuse gemeint sind.

S. 69. Eusebius, Die syrische Theophanie I 33, herausg. von H. Greßmann, S. 73*: 'wer .. die Erde, seine Mutter, die ihn trägt, schändet'. E. Fehrle.

S. 73. S. W. Warde Fowler *The religious experience of the roman people* 120 ff.; weitere auf den römischen Kult der Erdmutter bezügliche Stellen im Register S. 503 unter *Tellus*. W

Anm. 1. F. Leo hält brieflich die Beziehung des Plautusverses auf die Niederlegung nach der Geburt für unmöglich. Auch ich halte es jetzt für richtiger, mit diesem Vers überhaupt nicht zu rechnen. W

Anm. 2. Jetzt: Abhandlungen zur röm. Religion 110. W

S. 74. Pacuvius V. 93 Ribbeck[3]: *mater terrast: parit haec corpus, animam aeter adiugat* ist von seinem Oheim Ennius abhängig (Ann. 10—14,

Epicharm 48—51 Vahlen[2]) und dieser von griechischem Vorbild, s. o. S. 42, 1. W

Anm. 1. Wissowa, 2. Aufl. 195 Anm. 4. W

Anm. 2. Wissowa, 2. Aufl. 194. W

S. 75 Anm. 1. S. auch die Nachträge S. 232 der 2. Aufl. W

S. 76. In Pontresina auf dem Marienkirchhof liest man auf, drei Grabsteinen der Familie Stupani aus dem 18. Jahrhundert: *Corpus suum terrae matri, animam vero deo tradidit.* S. Brandt. — 'Du mütterliches Land' zitiert aus einem hessischen Gedicht W. Dittmar, Zeitschr. f. neut. Wiss. IX 1908, 344. L. Deubner. — Forsch. zur deutschen Landes- und Volkskunde IX 1896, 104: Ist jemand bei den Siebenbürger Sachsen gestorben, so meldet man dies dem Pfarrer und sagt u. a.: 'So wissen wir, wenn der Mensch tot ist, daß er nirgends besser ist als in der kühlen Erde, die unser aller Mutter ist.' Eine große Menge solcher Ansprachen bei Schuller, Volkstümlicher Glaube und Brauch bei Tod und Begräbnis 46 ff. — Lettische Totenklage (Globus 82, 1902, 372): 'In ihrem großen Herzeleid Fangen die Brüder zu tanzen an: Haben ihr liebes Brüderlein Der Erdmutter Töchterlein vermählt'.

S. 77. Zeuge für das Fortleben in später Zeit ist Maximianus el. I 221 ff. (Poet. lat. min. V 326). Er schildert das Greisenalter, wo *ortus cuncta suos repetunt matremque requirunt*; der Greis schlägt auf die Erde und betet zu ihr 227: *suscipe me genetrix, nati miserere laborum* . . 233 *quid miseros variis prodest suspendere poenis?* | *non est materni pectoris ista pati.* W

Anm. 4. Wissowa, 2. Aufl. 194, 9. W

S. 78 Anm. 1. Wissowa, 2. Aufl. 193, 8. W

Anm. 2. Wissowa, 2. Aufl. 194. W

S. 79. Die Vergleichung der Ehefrau mit dem zu bebauenden Acker findet sich in einem syrisch-römischen Rechtsbuch und bei den Arabern, aber auch schon in den Amarnabriefen, s. Litt. Centralblatt 1906 Sp. 1366. L. Sütterlin.

Über einige Terrakotten des Mainzer Museums schreibt E. Bethe: 'Es ist der Typus der sitzenden Frau mit einem oder mehreren Säuglingen auf dem Schoß oder an der Brust, wie ihn das Museum zu Capua . . besitzt, offenbar in einer rheinischen Fabrik wiederholt und auf eine barbarische Gottheit angewandt'.

Zu Juno und Mutter Erde s. A. Dieterich, Arch. f. Rel. Wiss. VIII 1905, 498 f. in der Besprechung von W. Otto, Juno, Philol. LXIV 1905, 161 ff.; A. v. Domaszewski, Dei certi und dei incerti, Abh. zur röm. Rel. 170. W

Anm. 2. Wissowa, 2. Aufl. 259 f. W

S. 80. Das römische Festjahr untersucht auf Einfluß der Vorstellungen von der Mutter Erde A. v. Domaszewski, Die Festcyclen des römischen Kalenders, Abh. zur röm. Rel. 175 ff. W

S. auch Vergil Georg. II 173: *Salve, magna parens frugum, Saturnia tellus,* | *magna virum.*

Anm. 1. Jetzt A. Dieterich, Kleine Schriften 131 f. W

S. 81. Neben dem Kapitolinischen Juppiter steht die Mutter Erde auf der Votivtafel von Pécs-Sopianae (Arch. Anz. 1912, 545): *I(ovi) O(ptimo) M(aximo) Terrae Matri.* W

Anm. 1. Jetzt: Abhandlungen zur röm. Religion 53 ff. W

Anm. 2. Zum Ritus des Schuhausziehens vgl. E. Penquitt *De Didonis Vergilianae exitu,* Diss. Königsberg 1910, 52 f. W — An Alttestamentliches erinnert W. Dittmar, Zeitsch. f. neut. Wiss. IX 1908, 344. L. Deubner.

S. 82. S. H. Hepding, Attis, Rel. gesch. Vers. Vorarb. I 123 ff.; O. Gruppe, Griech. Mythol. und Religionsgesch. 1548 f. W

Anm. 1. Jetzt A. Dieterich, Kleine Schriften 130. W

S. 84. Isisprozession mit einem solchen *vasculum* dargestellt auf dem Pompeianer Fresco *Comptes rend. de l'acad. des inscr.* 1896 Taf. VII. H. Hepding.

Athenagoras p. 140, 12 bei J. Geffcken, Zwei griechische Apologeten, Teubner 1907. W

Anm. 3. Firmicus p. 6, 13 Ziegler. W

S. 87 Anm. 1. Jane E. Harrison, Themis Cap. VI S. 167 reproduziert eine rf. Hydria aus Konstantinopel, auf der Gaia, aus der Erde emporsteigend, ein Füllhorn emporhält, auf dem ein Kind gelagert ist. Auch sonst berührt dieses Cap. VI die Probleme der 'Mutter Erde'. W

S. 88 Anm. 1. Archiv IX 1906, 87 ff. W

S. 89 Anm. 1. Jetzt zu schreiben "Ιπτα, J. Keil, Wiener Eranos zur 50. Philol. Vers. 1909, 102 f.; Μήτηρ "Ιπτα Denkschr. d. Wien. Akad. phil. hist. Kl. 54, II 1911, 85 no. 169 und 96 no. 188. H. Hepding.

S. 93 Anm. 1. Jetzt Kleine Schriften IV 496. W

S. 95. Am Schlusse einer angelsächsischen Flurbesegnung heißt es: 'Nimm dann von jeder Art Mehl, und man backe mit innwärtiger Hand einen breiten Brotlaib und knete ihn mit Milch und Weihwasser, und lege ihn unter die erste Furche'. Dann folgt ein Segensspruch (christlich). S. Kluge, Angelsächs. Lesebuch[3] 1902 S. 123. M. Förster.

S. 96. Ein rumänischer Regenzauber (nackte Zigeunerinnen, mit Laubwerk umwunden, werden von der Bevölkerung mit Wasser begossen) ist abgebildet und beschrieben in *The illustrated London News,* Aug. 12, 1905 S. 229.

Anm. 2. Jetzt Usener, Kleine Schriften IV 424 ff. W

S. 97. Auch in der Schweiz wird der Pflug vor seiner ersten Ausfahrt im Jahre mit Wasser besprengt. E. Hoffmann-Krayer.

Vgl. G. Kazarow, Karnevalbräuche in Bulgarien, Archiv f. Rel. Wiss. XI 1908, 407 ff. (laszive Tänze und Pflügezeremonie). W. — E. Hoffmann-Krayer, Schweizer Archiv f. Volksk. I 134 (Pflugumzug).

Frankfurter Zeitung 14. Febr. 1907: Im Dorfe Trillfingen im Hohenzollernschen werden, wenn zwischen Dreikönigstag (6. Jan.) und Fastnachtsdienstag keine Hochzeit stattgefunden hat, alle ledigen Mädchen an eine

Egge gespannt. Dieser Egge geht ein Sämann in alter Tracht voraus, er wirft 'Spreu' aus, die das Weiberfuhrwerk eineggt. Aus diesem 'Männersamen' sollen Männer wachsen für die vielen ledigen Mädchen. F. v. Duhn.

Im Anschluß an einen Bericht über den Aufsatz von Preuß im Archiv f. Anthrop. 1903 (zitiert oben S. 95 Anm. 1) teilt R. Lasch im Globus 86, 138 verwandte Gebräuche aus Indonesien mit: öffentliche mimische Darstellung der Befruchtung der Erde durch Ausübung des Coitus, Erntefest mit Anwendung figürlicher Darstellungen von Penis und Vulva, Selbstentblößung der Frauen und Gebrauch unzüchtiger Ausdrücke beim Reifwerden des Reises. L. Deubner.

S. 101. Über den Kornengel s. S. Singer, Schweizer Märchen, Bern 1903. E. Schröder.

L. Deubner *Hastings Encycl. of rel. and ethics* unter *Birth* lehnt die Ausdeutung Mannhardts ab: 'das $\lambda\iota\varkappa\nu o\nu$ ist die gegebene Kinderwiege in einem primitiven Haushalt'. — H. Meltzer, Kind und Korn, Archiv f. Rel. Wiss. X 1907, 567 verweist auf Lenaus Gedicht von der schönen Anna; zu dieser Sage gibt das ethnographische Material B. Kahle ebenda XI 1908, 411. W — Feilberg, Jul I 252 erzählt eine indische Legende nach älteren Quellen, in der Krishna gleich nach der Geburt 'in einen Korb von der Art, wie man ihn gebraucht, um Korn zu reinigen' gesetzt wird: allerdings nur, damit er leichter getragen werden kann. B. Kahle. — Christ. Jensen, Die nordfriesischen Inseln 1891, 227: Kinder brachte man früher in Saatkörben, die beim Säen des Kornes benutzt wurden, in die Kirche zur Taufe.

S. 102 Anm. 1. S. auch *Ann. of the Brit. school at Athens* X 1903/04 S 144 ff.; vgl. ebenda H. Schäfer, Altägyptische Pflüge S. 140.

Vgl. was G. Hock, Griech. Weihebräuche S. 129 anführt, und als antikes Bild aus dem Leben: Mainzer Zeitschrift I 1906 S. 31. P. Wolters.

S. 103. S. oben den Nachtrag zu S. 49. W

Anm. 1. R. Andree, Votive und Weihegaben des kath. Volkes in Süddeutschland S. 82: Das wundertätige Marienbild auf dem Bogenberge bei Straubing hat unter dem Herzen eine Öffnung, in welcher das Christkind aufrecht steht, und trägt einen roten, mit Weizenähren verzierten Mantel. O. Weinreich.

S. 104. Vgl. die Dissertation von L. Curtius über die Grabherme. Phalloide Grabsteine aus Pergamon: Jacobsthal, Ath. Mit. 33, 1908, 427. H. Hepding. — Phallische Darstellung des Verstorbenen auf dem Grabe bei Michaelis, Arch. epigr. Mitt. I 94 f. W. Amelung.

S. 105. S. auch H. Diels *Arcana Cerealia* in den *Miscellanea di Archeologia di Storia e di Filologia dedicata al Prof. A. Salinas.* W

S. 107. Sie tragen, was von vielen Seiten festgestellt ist, keinen Phallus, sondern einen Lendenschurz, s. z. B. G. Karo, Archiv f. Rel. Wiss. VIII 1905, 517 Anm. W

Die Florentiner Schale ist richtig als Phalluspflug gedeutet von H. Bulle, Die Silene in der archaischen Kunst der Griechen, Diss. München 1893, 66 f.

S. 109. Die Gleichung Pflug und Phallus findet sich auch in einem Brauch von Leukas (Fr. Pfister, Archiv f. Rel. Wiss. IX 1906, 541 f.): Frauen schreiten über Pflugspitzen, damit das nächste Kind ein Knabe wird. W — 'Die Etymologie φαλλός = ai. *phāla* Pflugschar (beides als 'Zersprengendes, Berstenmachendes') ist zweifelhaft; ich habe sie einmal vorgetragen Idg. Forschungen IV 104'. L. Sütterlin. — S. Rabelais, Gargantua B. II c. 1: *le membre qu'on nomme le laboureur* (Ackersmann) *de la nature*. W. Amelung.

S. 110 Anm. 1. Aber gestützt durch Aristophanes Frösche 430 κύσθῳ ναυμαχεῖν. L. Radermacher.

S. 114 Anm. 2. Jetzt Kleine Schriften IV 432 ff. W — G. Hock, Griech. Weihebräuche S. 31 f. H. Hepding.

S. 117. 'Beachtenswert ist, daß nach Tertullian adv. Marc. V 4 Marcion Galat. IV 26 höchstwahrscheinlich gelesen hat ἥτις ἐστὶν μήτηρ ἡμῶν (γεννῶσα) εἰς ἣν ἐπηγγειλάμεθα ἁγίαν ἐκκλησίαν. Über Kirche als Mutter s. meine Dogmengeschichte I³ 373. Interessant ist, daß Clem. Strom. VI 16, 146 die Kirche als Mutter nicht mehr gelten lassen will: ἡ θεία γνῶσις καὶ ἡ σοφία ist die Mutter. Besonders ausgeführt ist das Bild der jungfräulichen Mutter Kirche, welche die toten Fehlgeburten zum zweiten Mal in ihren Schoß aufnimmt, in dem Briefe bei Euseb. hist. eccl. V 1, 45'. A. Harnack. — S. den Titel des Buches von Jerome Mercier *Our mother church* ³London 1877: das Werk selbst handelt von kirchlichen Einrichtungen. L. Deubner.

S. 118 Anm. 1. Archiv VIII 1905, 373 ff.; IX 1906, 73 ff. W

S. 119 Anm. 1. H. Vollmer, Zeitschr. f. neut. Wiss. X 1909, 324 verweist auf Josephus, Ant. I 1, 2 § 34, wo es von Adam heißt: ἀπὸ τῆς πυρρᾶς γῆς φυραθείσης ἐγεγόνει· τοιαύτη γάρ ἐστιν ἡ παρθένος γῆ καὶ ἀληθινή. Diese Stelle hatte schon Eb. Nestle behandelt, Archiv f. Rel. Wiss. XI 1908, 415, was Im. Löw bemerkt, Zeitsch. f. neut. Wiss. XI 1910, 168. Darauf hat Vollmer erwidert ebenda XIII 1912, 95. L. Deubner. — Zur jungfräulichen Mutter Adams vgl. auch Jos. Denk, Zeitschr. des Ver. f. Volksk. XII 1902, 351 ff.

S. 121. Zu dem bei deutschen Dichtern häufigen Ausdruck 'Mutter Natur' s. E. Hoffmann-Krayer, Das Naturgefühl in deutscher Dichtung und Kunst, Studien 2. vgl. Lit. Gesch. I zu Anfang.

Register

Vorbemerkung. Nur das konnte ich ausziehen, was sich in einzelne Hinweise fassen ließ. Aufbau, Art und Ziel der Untersuchung durch Lektüre des kleinen Buches selbst kennen zu lernen, konnte ich diesmal weder durch ausführliches Inhaltsverzeichnis noch durch Register ersparen.

Abstraktion, falsche 100.
„achäische" Religion 62f.
Ahnen in den Kindern 23.
αἶα avia 65.
Aigai 60.
Aischylos 38.
ἀμφιδρόμια 9, 1.
Analogiezauber 99.
ἀπὸ δρυὸς οὐδ' ἀπὸ πέτρης 64.
Ara Pacis 80.
arare 78f.
Arginusenprozeß 51.
ἀροῦν 47.
ἀρρητοφόρια 46.
Attis 90.
Augustus, Panzer 81.
Auferstehung bei Paulus 119.
Aufheben von der Erde 6.
Autochthonie 44.

Begraben und Verbrennen 66.
Begräbnis verweigert 52.
Blitz 92f.
Brautlager auf der Erde 97.
Buzygenfluch 50f.

Cypern, Statuette aus, 105.

δάκτυλοι Ἰδαῖοι 93.
Δακτύλου μνῆμα 105.
Delphi 60.
Demeter 70; 85; 86f.; 98.
Δημητρεῖοι 55.
Demokritos 67.

deponere 26.
Dodona 60.

Eidesformel 36; 54.
Epikuros 67.
Erd, Namen mit 10.
Erdmutter, Hebamme 10.
Erdorakel 60.
Erichthonios 44.
Erinnyen 39f.
Eumeniden 39f.
Euripides 41ff.

Flußgott als Kinderspender 64.

γῆ 37ff.
Γῆ καὶ θεοί 54.
Γῆ Ὀλυμπία 45.
Geist, heiliger, als Mutter 116f.
γενέσια 49.
Getreideschwinge 102.
Gottesmutter 117.
Grabinschriften, griechische 69; römische 75.
Große Mutter 82ff.
Großvater und Enkel 25.
Gruppenehe 88f.; 94.

Heiliger Geist als Mutter 116f.
Hesiod 36; 98.
Himmel und Erde 17f.; 45f.
Hochzeitsgebräuche 56f.
Hockerstellung 27, 6.
Homer 36.
homo — humus 76.

Dieterich: Mutter Erde. 2. Aufl.

Iasion 98.
Inkubation 60f.
Iohannes, Apostel, Legende 69.
Isis 83ff.; 111.

Kind und Korn 101f.
Kinder begraben 21ff.; auf die Erde legen 6ff.; von der Erde aufheben 6ff.; Herkunft der Kinder 18ff.
Kirche, Mutter 117f.
Kranke begraben 28f.
Kreta 62f.

Levana 6.
λίκνον 101.
Lucretius 67; 79.
Lustratio 57.

Magna mater 82ff.
Maria 117.
materies — mater 77.
Meer gibt die Toten wieder 51.
Menexenos 53.
Mutter im Faust 120.
Mutter Kirche 117f.
Mutter Natur 120f.
Mutterrecht 88f.; 94.
Mysterieneinweihung 56f.

Naassenerpredigt 68.
Namengebung 34.
νεκύσια 49.

Olympia 60.
Orphisches 89.
Osiris végétant 49, 1; 103f.

Panzer des Augustus 81.
patria 39; 88.
πατρίς 39; 88.
Pflug — Phallus 107ff.

Pflugumziehen 97.
Phaistos, Vase aus, 106; Rheaepigramm 112f.
Phallen 46; 92ff.; in und auf Gräbern 104.
Pindar 65.
Platon 53; 58.
Pythagoreisches 49; 66.

Rheaepigramm aus Phaistos 112f.
Rhea-Kybele 62.

Sabazios 90; 111.
Säkularfest 80.
Sämereien im Grab 48; 103.
Schale in Florenz 107.
Seelenwanderung 33.
σεισάχθεια 37.
Solon 37.
Sophokles 41.
σπείρειν 46.
Sterbende auf die Erde 26ff.
suscipere 6.
Sympathiezauber 99.

Tellus 11.
Tellus mater 12; 73ff.
Terra mater 16, 2; 73ff.
tollere 6.
Träume 60f.
Traumorakel 60.
τριτοπάτορες 48.

vannus mystica 102f.
Vase aus Phaistos 106.
Verbrennen und Begraben 66.
Verwandtschaftsnamen 88.

Xenophanes 66.

Zeugung und Geburt 32.

Über die Titelvignette siehe S. 87 Anm. 1.

Druck von B. G. Teubner in Dresden

www.ingramcontent.com/pod-product-compliance
Lightning Source LLC
Chambersburg PA
CBHW031835230426
43669CB00009B/1355